Serge K[illegible]

CW01664917

Oiseaux de bord de mer

Éditions Le Télégramme

Conception éditoriale : Éditions Le Télégramme
Espace Grand Large - quai de la Douane - CS 62 952 - 29 229 Brest cedex 2
www.editions-telegramme.com

Ce livre a été imprimé par Oberthur Graphique à Rennes (35) – France.
Photogravure de Setig Palussière à Angers (49) – France.

N°ISBN : 978-2-84833-177-5

Une décision prise après une marche dans le bas du Chili m'a amené à mettre ma technique du crayon de couleur au service du portrait d'oiseaux.

Similitude entre plumes et traits de crayon, recherche de prises de vues spécifiques, évocatrices, et me voilà de plus en plus souvent, à parcourir la campagne et les bords de mer à la recherche d'une espèce, d'une attitude, d'une lumière, d'une émotion qui déclenche l'envie de passer plusieurs heures sur un dessin.

Sur le plan photographique j'ai choisi le mode du reportage, c'est à dire que je me déplace à la rencontre des oiseaux. Pour des raisons de qualité de photo et de poids du matériel, il me faut approcher à quelques mètres de l'oiseau pour avoir les détails suffisants et surtout l'intensité d'expression et de lumière dans l'œil. L'affût n'est pas mon fort, c'est trop long et surtout trop loin de l'ancienne vibration du coureur de savane...

Je vous propose au travers de ces pages une approche différente des oiseaux. J'essaye d'ouvrir ma perception de ces êtres vivants sans a priori, accumulant les informations, comme le portraitiste devant son sujet. Chercher, derrière les marques et les traits du modèle, des traces d'expressions et d'émotions passées qui construisent et structurent son visage.

Observer les oiseaux n'est pas compliqué, c'est une question d'harmonie... Posez-vous sur un caillou, une branche ou un banc et laissez-vous aller à écouter les premiers bruits de vagues, de vents, de chants d'oiseaux... Vous y êtes, le monde change autour de vous, il devient plus vivant, plus familier, plus nombreux... Vous êtes prêt pour la balade au pays des oiseaux du bord de mer.

Serge Kergoat

Association et partenariat entre espèces pour la pêche et la capture de poissons

Les oiseaux de mer associent leurs compétences et leurs particularités physiques individuelles pour mieux capturer les poissons. Différents types de regroupements existent. Pour des raisons de simplicité, je les regrouperai sous le nom de “chasse”, car l’ampleur de la chasse est différente selon les lieux et les époques de l’année.

Une chasse fréquente — pour ne pas dire quotidienne — associe la mouette rieuse et le cormoran (grand ou huppé). La mouette joue le rôle de rabatteur de surface, elle crie, plonge, bat des ailes pour effrayer le poisson que le cormoran chasse par en dessous.

Une chasse plus complète, qui se prépare de façon presque rituelle, réunit plusieurs espèces d’oiseaux. D’abord, les aigrettes viennent sur le bord de l’anse naturelle et attendent les pieds dans l’eau ; puis viennent les rieuses, parfois plus de cinquante, qui se posent sur l’eau, silencieuses, dans un premier temps... Au large, des harles huppés se regroupent, formant une ligne parallèle ; devant le groupe de harles on voit arriver, peu à peu, par les côtés, des cormorans en train de pêcher. Ont-ils commencé à rabattre les poissons ? Le nombre des espèces qui participent à cette pêche augmente au fur et à mesure que le piège se resserre autour des poissons. En hiver, un ou deux pingouins torda se joindront à la chasse ; des grèbes cou noir, des goélands argentés, des sternes caugek ou pierregarin peuvent aussi être de la partie... Les harles se sont rapprochés du bord et commencent à agiter les eaux, plongeant et replongeant sans arrêt ; les mouettes se sont envolées, elles tournent et virent dans un tourbillon de plumes et de cris ; les aigrettes battent des ailes et s’agitent, n’hésitant pas à décoller par petits bonds pour aller piquer la surface de l’eau et ramasser des poissons complètement paniqués qui sautent dans tous les sens pour échapper à ces nombreux prédateurs ; les harles et les pingouins pourchassent les poissons dans très peu d’eau, presque jusqu’au sec... L’anse naturelle a fonctionné comme un piège et la fuite, dans les eaux peu profondes ou les algues, n’est pas forcément couronnée de succès car les cormorans chassent dans les algues

et les aigrettes font leur travail de repoussoir… Tout se passe ensuite rapidement, l'agitation perd de son intensité, le banc de poissons est sans doute trop éclaté ou a réussi à sortir de la nasse ; le nombre d'oiseaux diminue et le silence retombe sur la mer et les environs… jusqu'à la prochaine fois.

Une autre chasse intéressante à observer est celle qui réunit des pingouins torda et des cormorans, auxquels se joignent un ou deux guillemots. Il faut les voir agir de concert pour pousser un banc de poissons à la faute ! Nageant, volant et plongeant, ils entourent le banc, qui accélère, et, se comportant comme un seul corps fluide et compact, s'étire pour fuir, jaillit enfin à la surface pour mieux s'échapper. Et là surgit une rieuse, une mélanocéphale ou peut-être même un goéland argenté, qui vient se nourrir, profitant du travail fait par les autres, ce qui agace parfois le torda qui, malicieusement, se glisse derrière le goéland et le fait fuir d'un coup de bec… Au cours de la deuxième étape de la chasse représentée sur la photo ci-dessous, les harles et les cormorans passent sous les rieuses. Ensuite les rieuses décollent et font du bruit. La chasse bat son plein, tout le monde prélève ou tente de le faire. Regardez de préférence de loin pour ne pas déranger la chasse.

Espèces fréquentant les ports

Aigrette garzette
Barge rousse
Barge à queue noire
Bécasseau cocorli
Bécasseau sanderling
Bécasseau variable
Bécassine des marais
Bergeronnette grise
Bergeronnette des ruisseaux
Bernache cravant
Canard colvert
Cormoran huppé
Corneille noire
Chevalier gambette
Chevalier guignette
Choucas des tours
Echasse blanche
Étourneau sansonnet
Goéland argenté
Goéland brun
Goéland cendré
Goéland marin
Grand cormoran
Grand corbeau
Grand gravelot
Grèbe huppé
Grèbe à cou noir
Grèbe jougris
Guillemot à miroir
Guillemot de troïl
Héron cendré
Hirondelle rustique
Martin-pêcheur
Mouette rieuse
Mouette mélanocéphale
Mouette tridactyle
Pingouin torda
Plongeon arctique
Pigeon bizet
Pluvier argenté
Sterne arctique
Sterne caugek
Sterne de Dougall
Sterne pierregarin
Tourne-pierre

Espèces fréquentant les dunes, landes de bords de mer

Alouette des champs
Bergeronnette grise
Choucas des tours
Corneille noire
Corbeau freux
Crave à bec rouge
Grand corbeau
Goéland argenté
Goéland brun
Goéland marin
Grand corbeau
Hirondelle rustique
Mouette rieuse
Pétrel fulmar
Pipit maritime
Pipit farlouze
Traquet motteux

Espèces fréquentant la haute mer

Bernache du Canada
Canard colvert
Cormoran huppé
Cygne tuberculé
Eider à duvet
Fou de bassan
Goéland argenté
Goéland brun
Goéland cendré
Goéland leucophée
Goéland marin
Grand cormoran
Guillemot de Troïl
Guillemot à miroir
Macareux
Pétrel fulmar
Pingouin torda
Plongeon catmarin
Plongeon arctique
Puffin des Anglais
Sterne arctique
Sterne caugek
Sterne de Dougall
Sterne pierregarin

Zones de fréquentations des différentes espèces d'oiseaux de mer ou de bords de mer

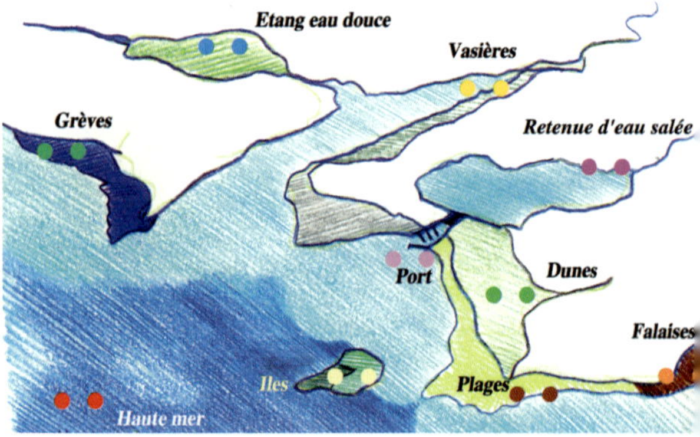

Aigrette garzette

Classe : Ciconiiformes
Famille : Ardéidés
Nom scientifique :
Egretta garzetta
Taille : 55-65 cm
Envergure : 83-95 cm
Poids : 500 g
Longévité : 9 ans
Statut : Nicheur, migrateur, hivernant, espèce protégée
Cohabitation : Héron cendré, huîtrier pie, cormoran, grand gravelot
Territoire : Bord de mer, étang, marais, champs
Distance d'approche : 20 à15 m

Description : Présente toute l'année sur nos rivages, et sur nos bordures de rivière depuis peu, vivant seule ou dans un groupe d'une dizaine d'individus, l'aigrette se promène à la recherche de ses proies, agitant une patte sur le fond pour effrayer poissons et crevettes qu'elle saisit, rapide comme l'éclair, avec son bec pointu. La chasse en groupe associée à d'autre espèces n'est pas pour lui déplaire. Cormorans, foulques, mouettes rieuses, harles huppés sont alors ses partenaires de pêche favoris. Il est fascinant de voir se mettre en place une pêche de groupe où le rôle de chaque espèce est bien établi. C'est un oiseau dont le territoire s'étend. On le voit pêcher dans les ports et il n'est pas inhabituel de pouvoir l'observer, pendant l'hiver, dans les champs, où, comme le héron, il chasse mulots, limaces et autres bestioles. Ses pattes sont jaunes aux extrémités. La grande aigrette, quant à elle, se distingue par son bec et ses pattes jaunes.

Courant

Alouette des champs

Classe : Passeriformes
Famille : Alaudidés
Nom scientifique :
Alauda arvensis
Taille : 18-19 cm
Envergure : 35 cm
Poids : 45 g
Longévité : 12 ans
Statut : Migrateur, hivernant, nicheur sédentaire, espèce non protégée
Cohabitation : Pipit farlouze,
Territoire : Champs, dunes, landes...
Distance d'approche : 10 à 5 m

Description : Elle est fréquente sur les dunes et les espaces de bord de mer, mais difficile à repérer au sol à cause de sa capacité de mimétisme. Elle s'envole souvent par surprise, en effectuant des vols de 30 à 50 m. On la repère aussi par son chant, caractéristique et mélodieux, alors qu'elle est très haut dans le ciel, en vol stationnaire. Petites larves, papillons, insectes et graines composent son menu quotidien. Championne du camouflage dans l'herbe rase, elle ne se laisse pas facilement prendre en photo, du moins pas en gros plan.

Avocette élégante

Classe : Charadriiformes
Nom scientifique :
Recurvirostra avosetta
Taille : 42-48 cm
Envergure : 70-80 cm
Poids : 230-430 g
Longévité : 28 ans
Statut : Nicheur, migrateur, hivernant, espèce protégée : liste rouge
Cohabitation : Echasse blanche, spatule, ibis sacré
Territoire : Marais, marais salant, banc de sable
Distance d'approche : 20 à 15 m

Description : L'élégance de cet oiseau le classe parmi les tout premiers dans le palmarès des élégants. Au début de novembre, on voit les avocettes en bandes de plusieurs dizaines d'individus, de passage sur nos vasières et marais salants. Cet oiseau à longues pattes se sert de son bec comme nous nous servons d'une faucille pour attraper les lançons. Ses repas se constituent aussi de vers de vases, de crevettes et de petits poissons. Le voir œuvrer sur une vasière, agitant la tête de gauche et de droite, se déplaçant rapidement sur ses longues pattes est un spectacle apaisant... Plus fréquent en Morbihan et Loire-Atlantique qu'en Finistère (rivière de Pont-l'Abbé, vasière de l'Élorn, Aber Wrach), on le trouve aussi en baie de Saint-Brieuc ou au Mont-Saint-Michel.

Courant

Vol d'avocettes à Guérande

Barge à queue noire

Classe : Charadriiformes
Famille : Scolopacidés
Nom scientifique :
Limosa limosa
Taille : 35-45 cm
Envergure : 64-82 cm
Poids : 300 à 350 g
Longévité : 16 ans
Statut : Migrateur, hivernant, nicheur rare, espèce protégée : liste rouge
Cohabitation : Aigrette, goéland...
Territoire : Vasière, estran
Distance d'approche : 15 à 10 m

Description : Le bout noir de la queue et le bec droit permettent de ne pas la confondre avec un courlis cendré, qui est bien plus gros. Très active dans les petits ruisseaux laissés par la mer se retirant, elle n'hésite pas à mettre la tête sous l'eau pour chercher ses proies : petits poissons, crevettes, vers et autres bestioles vivant dans la vase ou dans le sable. Assez farouche, elle se laisse approcher à une trentaine de mètres seulement. Le bec est long, rosé à bout noir ; sa taille et son allure la différencient des chevaliers, la barge étant d'apparence plus calme. On la trouve souvent par petits groupes de cinq à six individus. Présence sur la façade Atlantique.

Courant

Bécasseau sanderling

Classe : Charadriiformes
Famille : Scolopacidés
Nom scientifique : *Calibris alba*
Taille : 20-21 cm
Envergure : 36-39 cm
Poids : 45-85 g
Longévité : 13 ans
Statut : Migrateur, hivernant, espèce protégée
Cohabitation : Gravelot, tourne-pierre, bécasseau variable
Territoire : Plages sableuses, grèves, zones de marais
Distance d'approche : 10 m

Description : On le trouve sur le bord des plages. Il se nourrit de gravettes, de vers, de crevettes, de tout ce qui vit sur les rivages (sable, vase et graviers). Il passe le plus clair de son temps à guetter la vague de la marée montante, jouant avec le flux et le reflux pour trouver sa nourriture. Le tour du cou est ouvert devant, son bec est noir, petit et droit. Il marche les pattes en X. Pendant la période nuptiale, il est taché de rouille. Sur les plages, les chiens s'amusent à poursuivre les groupes de bécasseaux, qu'on peut alors voir voler, par petits bonds successifs...
Cet oiseau est présent sur la façade Atlantique.

Petites escadrilles de bécasseaux sanderling

Bécasseau variable

Classe : Charadriiformes
Famille : Scolopacidés
Nom scientifique : *Calibris alba*
Taille : 16-21 cm
Envergure : 36-39 cm
Poids : 45-85 g
Longévité : 13 ans
Statut : Migrateur, hivernant, espèce protégée
Cohabitation : Gravelot, tourne-pierre, bécasseau sanderling
Territoire : Plages sableuses, grèves, zones de marais
Distance d'approche : 10 à 5 m

Description : On le trouve sur le bord des vasières et des plages, jouant avec la marée montante pour trouver sa nourriture composée de vers, de petits mollusques, de tous les organismes vivant dans cet environnement. Son bec est plus long que celui du sanderling et légèrement incliné vers le bas. Le tour du cou, de la même couleur que la tête, descend sur le poitrail. Les virevoltes de ces oiseaux égayent le bord de mer quand des groupes, qui peuvent comprendre plusieurs centaines d'individus, passent d'un point à un autre de la plage ou de la vasière, faisant, au gré de la marée, des bonds de plusieurs dizaines de mètres.

Bécassine des marais

Classe : Charadriiformes
Famille : Scolopacidés
Nom scientifique : *Gallinago gallinago*
Taille : 25-27 cm
Envergure : 37-43 cm
Poids : 80-120 g
Longévité : 12 ans
Statut : Nicheur rare, migrateur, hivernant, espèce non protégée
Cohabitation : Vanneaux huppés, chevaliers
Territoire : Vasières, zones humides
Distance d'approche : 10 à 5 m (hors période de chasse)

Description : La bécassine des marais est parfois confondue avec la bécasse, elle est pourtant plus petite, n'a pas la même coloration et son oeil est moins impressionnant que celui de la bécasse. On la trouve dans les zones humides où elle s'envole dans les pieds des promeneurs. Il est plus facile de l'observer sur les vasières, et même parfois sur des ronds-points anglais lors des grands froids, qu'au milieu des algues du bord de mer. Dès qu'elle se sent observée, elle se fige et l'effet de mimétisme est alors saisissant : il faut savoir qu'elle est là, la repérer et attendre qu'un mouvement vienne alerter l'œil. Souvent stationnée en lisière des roselières, elle prend le soleil d'hiver en attendant de retourner à ses activités sur la vasière. En vol, son déplacement en zigzag la rend très difficile à photographier.

Courant

Bergeronnette grise

Classe : Passeriformes
Famille : Motacillidés
Nom scientifique : *Motassilla yarrellii*
Taille : 18 cm
Envergure : 31 cm
Poids : 23 g
Longévité : 10 ans
Statut : Nicheur, migrateur, hivernant, espèce protégée
Cohabitation : Tourne-pierre, pipit
Territoire : Grèves, bords de mer
Distance d'approche : 10 à 5 m

Description : La lavandière, joli nom pour cet oiseau au « pipit » sautillant, est à l'affût de moucherons, de petits vers, ou, à l'occasion, de graines. L'élégance de cet oiseau est indéniable : queue noire, plumage du dos gris et arrière du crâne noir. La bergeronnette grise est présente dans les villes. Elle fréquente nos rues bitumées, cherchant une proie dans le moindre brin d'herbe. On la trouve également sur les plages de sable, où, au milieu des gravelots et des tourne-pierres, elle attrape puces de mer et autres petites bestioles. Son allure, le balancement permanent de sa queue et ses sautillements, la rendent repérable, même à distance, pour l'œil exercé. Une variante de l'espèce *Motacilla yarrellii* traverse la Manche régulièrement et se différencie par son dos noir.

Bergeronnette de yarrel

Classe : Passeriformes
Famille : Motacillidés
Nom scientifique :
Motassilla yarrellii
Taille : 18 cm
Envergure : 31 cm
Poids : 23 g
Longévité : 10 ans
Statut : Nicheur, migrateur, hivernant, espèce protégée
Cohabitation : Tourne-pierre, pipit
Territoire : Grèves, bords de mer
Distance d'approche : 10 à 5 m

Description : Cette parente très proche de la bergeronnette est originaire des îles Britanniques. Il est assez facile de distinguer le mâle qui a le dos bien noir et le plastron en forme de demi-ovale bien noir et bien délimité. Pour la femelle, c'est plus délicat, le gris est plus soutenu et elle porte une virgule bien marquée au niveau des bajoues. Autrefois venues rendre visite à leur famille, certaines ne sont pas retournées au pays et ont fait souche.

Bernache cravant

Classe : Anseriformes
Famille : Anatidés
Nom scientifique : *Branta bernicla*
Taille : 56-61 cm
Envergure : 110-120 cm
Poids : 1100-1700 g
Longévité : 13 ans
Statut : Migrateur, hivernant, espèce protégée
Cohabitation : Tadorne et petits échassiers
Territoire : Zones de marées et rivières côté mer
Distance d'approche : 20 à 15 m

Description : En bord de mer sableux ou rocheux, elle se rencontre en bandes composées variablement de quatre ou cinq à plusieurs centaines d'individus. On l'aperçoit à marée basse, cherchant des algues à brouter (herbier, algues vertes...). Son cri ressemble à un "hank" assez rauque. Respectez une distance d'approche de 15 à 20 mètres sinon elle s'éloigne vers le large en nageant ou s'envole... L'atterrissage en groupes de 20 à 30 bernaches est impressionnant. D'allure un peu débonnaire, cette oie n'hésite pas à jouer du bec pour chasser un goéland qui lui semble empiéter un peu trop sur son territoire.

Bernache du Canada

Classe : Anseriformes
Famille : Anatidés
Nom scientifique :
Branta canadensis
Taille : 90-100 cm
Envergure : 160-175 cm
Poids : 4300-5000 g
Longévité : 24 ans
Statut : Nicheur, migrateur, hivernant, espèce protégée
Cohabitation : Autres bernaches
Territoire : Bord de mer, marais
Distance d'approche : 15 à 10 m

Description : Bien plus grosse que la bernache cravant, la bernache du Canada se distingue par une marque blanche, nette et bien dessinée, située à l'arrière de son crâne. Son cou noir est aussi plus marqué. Le mâle prend son rôle de protecteur très au sérieux, son irritation est loin d'être feinte : mieux vaut éviter de déranger la couvée et s'éloigner pour éviter le coup de bec.
La martre et le renard ne feront malheureusement pas de cadeaux aux petits.

Rare

Canard colvert

Classe : Anseriformes
Famille : Anatidés
Nom scientifique :
Anas platyrhynchos
Taille : 51-62 cm
Envergure : 81-98 cm
Poids : 850-1400 g
Longévité : 29 ans
Statut : Nicheur, migrateur, hivernant
Cohabitation : Foulques, sarcelles...
Territoire : Marais, rivières, bords de mer, zones humides
Distance d'approche : 10 à 5 m

Description : Très communs sur les bords de lacs ou d'étangs, voire de mer, les canards colverts vivent en groupes composés de quelques couples à plusieurs dizaines. Au début du printemps, le mâle est magnifique avec son cou bleu-vert irisé et son jabot brun-rouge. Les groupes sauvages se mêlent sans problème aux individus domestiques. La nourriture est assez diversifiée : larves et vers de vases mais aussi pain à l'occasion. Les bagarres entre mâles sont spectaculaires : le perdant se retrouve dans des situations proches de la noyade, son adversaire sur le dos.

Chevalier aboyeur

Classe : Charadriiformes
Famille : Scolopacidés
Nom scientifique :
Tringa nebularia
Taille : 30-35 cm
Envergure : 53-60 cm
Poids : 140-270 g
Longévité : 12 ans
Statut : Migrateur, hivernant, espèce non protégée
Cohabitation :
Chevalier gambette, barge
Territoire : Vasière, estran
Distance d'approche :
Plusieurs dizaines de mètres

Description : Poussant son cri d'alerte sur la vasière ou la grève, il est le véritable chien de garde du bord de l'eau. Pourtant, cet oiseau échassier a une belle allure et semble plutôt sympathique. Vivant en petits groupes de quelques individus, il cohabite volontiers avec les barges ou avec le chevalier gambette. Son cri n'est pas très agréable à l'oreille. Ses pattes sont de couleur olive, son bec légèrement incurvé vers le haut. Il se nourrit de vers de vases et de crevettes qu'il attrape en se promenant dans une eau peu profonde de bord de mer ou d'estran.

Courant

Chevalier gambette

Classe : Charadriiformes
Famille : Scolopacidés
Nom scientifique :
Tringa totanus
Taille : 27-29 cm
Envergure : 45-52 cm
Poids : Fem. 110-155 g, Mâle 85-140 g
Longévité : 17 ans
Statut : Nicheur, migrateur, hivernant, non protégé
Cohabitation : Chevalier aboyeur, bécasseaux, courlis
Territoire : Bord de mer, vasière, eau saumâtre
Distance d'approche : 20 à 15 m

Description : Fréquent sur les vasières, sur les grèves, et dans les estuaires marins. Cet oiseau, très craintif, s'envole dès qu'il se sent observé de trop près, poussant alors son cri reconnaissable, et va se poser quelques dizaines de mètres plus loin. Son bec est orange à la base et noir à l'extrémité. Ses pattes oranges permettent de le différencier du chevalier aboyeur, qu'il fréquente souvent. Nourriture : petits vers, gravettes, crevettes et petits poissons. Cet oiseau se rencontre en groupe de cinq ou six individus. Quand il chasse, il n'hésite pas à immerger complètement la tête pour capturer ses proies.

Chevalier guignette

Classe : Charadriiformes
Famille : Scolopacidés
Nom scientifique :
Actitis/Tringa hypoleucos
Taille : 19-21 cm
Envergure : 32-35 cm
Poids : 40-60 g
Longévité : 10 ans
Statut : Nicheur, Migrateur, hivernant, espèce protégée : liste rouge
Cohabitation : Bergeronnette
Territoire : Marais, retenue d'eau salée et saumâtre
Distance d'approche : 15 à 10 m

Description : Vivant souvent seul, voire à deux, le chevalier guignette est le plus petit de nos chevaliers. S'il est dérangé, il pratique de petits vols courts, et s'éloigne de quelque 50 mètres. Nourriture : crevettes et petits organismes, puces de mer et vers. C'est un oiseau qui semble toujours sur le qui-vive. Sa taille et son balancement le rendent repérable d'assez loin. Il a le bec court, sa silhouette est assez ronde, ses pattes sont jaune olivâtre, un bandeau blanc lui entoure la tête au-dessus de l'œil, lui faisant une sorte de paupière.

Choucas des tours

Classe : Passeriformes
Famille : Corvidés
Nom scientifique :
Corvus monedula
Taille : 33 cm
Envergure : 64-73 cm
Poids : 220-270 g
Longévité : 14 ans
Statut : Migrateur, hivernant, nicheur sédentaire, espèce protégée
Cohabitation : Corneille, mouette rieuse...
Territoire : Très large
Distance d'approche : 10 à 5 m

Description : Fréquent sur les vieilles bâtisses de nos villes, il n'hésite pas à descendre sur les grèves, à marée basse. Le choucas des tours avec son œil bleuté est d'un abord sympathique. Il vit au sein d'un groupe assez important et peu bruyant, sauf lors de l'envol (en journée ou le soir pour rejoindre son abris pour la nuit). Le couple est uni pour la vie. En ville, il se nourrit en chapardant du pain ou d'autres déchets, qu'il repère en vol. On le voit aussi à proximité des rivières ou dans les champs. Distance d'approche : une dizaine de mètres, sauf lors de la remise de nourriture. Son cri rappelle la contraction de son nom, une espèce de "chhka chhka" lancé comme un claquement. L'arrière du crâne est presque bleu clair à la lumière, les pattes sont noires.

Cigogne blanche

Classe : Ciconiformes
Famille : Ciconiidés
Nom scientifique : *Ciconia ciconia*
Taille : 90 à 115 cm
Poids : 3 000 à 3600 g
Longévité : 26 ans
Statut : Migrateur, hivernant rare, nicheur sédentaire, espèce protégée, liste rouge
Cohabitation : Héron cendré
Territoire : Zone humide, étang, bord de rivière
Distance d'approche : 30 m

Description : Ce grand échassier est souvent présenté comme le symbole de la fécondité : autrefois les parents prétendaient que la cigogne déposait les nouveaux nés commandés par les foyers. L'homme ne lui en est pas reconnaissant. Asséchant les zones humides, il a failli faire disparaître cette espèce en France. Aujourd'hui, cela va mieux même si la partie n'est pas encore gagnée mais cette amélioration vous permettra peut-être d'en voir quelques-unes en dessous de la Loire voire en Bretagne. Cet oiseau se nourrit de grenouilles, de couleuvres et de vipères mais aussi de petits oiseaux. Le mâle arrive le premier sur le nid et lui redonne allure en attendant l'arrivée de sa compagne. Oiseau fréquentant assez régulièrement la ville notamment pour son nid (cheminée des maisons).

Rare

Corbeau freux

Classe : Passeriformes
Famille : Corvidés
Nom scientifique :
Corvus frugilegus
Taille : 47 cm
Envergure : 81-94 cm
Poids : 380-530 g
Longévité : 20 ans
Statut : Migrateur, hivernant, nicheur sédentaire
Cohabitation : Corneille noire, goéland...
Territoire : Champs, ville, campagne...
Distance d'approche : 20 m

Description : Plus farouche que la corneille noire et aussi plus champêtre, le corbeau freux se distingue par son bec déplumé, qui lui fait une drôle de tête ; les plumes sur le haut des pattes sont tombantes ; le bec fouille la terre : il se nourrit de végétaux, d'insectes, de vers, d'œufs et d'oisillons. Il est présent dans les zones où la mer et les champs se côtoient. Cet oiseau joue, à certains endroits, le même rôle que la corneille ou le choucas : il est nettoyeur sur les parkings et, en Irlande, dans les lieux de passage très fréquentés par les humains. A la période où la terre est retournée, il n'est pas rare de trouver un groupe de 30 à 50 individus. Une baie ou des fruits de temps en temps ne nuisent pas à son régime alimentaire.

Courant

Cormoran huppé

Classe : Pelecaniformes
Famille : Phalacrocoracidés
Nom scientifique : *Phalacrocorax aristotelis*
Taille : 65-80 cm
Envergure : 90-105 cm
Poids : 1750-2250 g
Longévité : 16 ans
Statut : Migrateur, hivernant, nicheur sédentaire, espèce protégée
Cohabitation : Torda, mouette rieuse
Territoire : Port, falaise, au large...
Distance d'approche : 10 à 5 m

Description : Noir, avec de beaux reflets verts ou bleus, le cormoran huppé se reconnaît facilement à la huppe qu'il porte sur la tête pendant la période nuptiale, et à ses joues jaunes. Il n'hésite pas à se joindre au grand cormoran, plus grand que lui, pour traquer les bancs de pétros. Les jeunes sont souvent peu farouches et finissent même par vous adopter si vous revenez régulièrement à proximité de leurs lieux de pêche. Le goéland n'hésite pas à lui chaparder un maquereau, mal saisi, lors de sa remontée à la surface. Il accepte un poisson jeté à son intention par les pêcheurs. Fréquentant les lieux de pêche, il est souvent victime des hameçons qui traînent au fond. **Pêcheurs à pied, pensez-y !** Un geste simple de votre part sauvera sans doute la vie de plusieurs espèces plongeantes

Courant

Cormoran huppé

Corneille noire

Classe : Passeriformes
Famille : Corvidés
Nom scientifique :
Corvus corone
Taille : 47 cm
Envergure : 92-100 cm
Poids : 450-600 g
Longévité : 20 ans
Statut : Hivernant, nicheur sédentaire
Cohabitation : Goéland
Territoire : Tous
Distance d'approche : 15 à 10 m

Description : La corneille noire vit souvent en couple ou en groupe de 20 à 30 individus. Elle n'est pas vraiment noire d'ailleurs : son plumage est irisé de bleu, de mauve ou de vert, ce qui lui donne un bel aspect à la lumière.

Cet oiseau fait preuve d'étonnantes capacités d'adaptation à la civilisation humaine. Il cohabite également avec le goéland et peut se nourrir du poisson chapardé à celui-ci. Il pêche les tellines, praires et palourdes sur les plages, au milieu des mouettes rieuses. et des huîtriers pies. La corneille noire est très audacieuse car elle n'hésite pas à s'en prendre à la buse variable : trois ou quatre individus peuvent l'attaquer, la harceler pour la chasser d'un territoire, ou lui faire lâcher sa proie.

Courant

Courlis cendré

Classe : Charadriiformes
Famille : Scolopacidés
Nom scientifique : *Numenius arquata*
Taille : 50-60 cm
Envergure : 80-100 cm
Poids : Fem : 675-950 g, mâle : 575-800 g
Longévité : 32 ans
Statut : Nicheur, migrateur, hivernant, espèce non protégée : liste orange
Cohabitation : Barge rousse, héron, aigrette...
Territoire : Vasière, grève
Distance d'approche : 50 à 40 m

Description : Grand échassier de nos bords de mer et des marais saumâtres. Très farouche car chassé, cet oiseau ne peut être observé de près que par quelques privilégiés. Dommage, car le voir chasser ou pêcher est intéressant. Il se sert de son bec pour capturer les vers de vase.
Son cri, très caractéristique, ressemble à une sorte de «kououli-kououli» C'est souvent lui qui donne l'alarme sur la vasière car il est doté d'une vue surprenante et repère tout mouvement dans le feuillage, comme par exemple lors des tentatives d'approche pour le photographier. Nicheur, il se reproduit dans les landes et les tourbières, notamment dans les monts d'Arrée.

Courlis corlieu

Classe : Charadriiformes
Famille : Scolopacidés
Nom scientifique :
Numenius phaeopus
Taille : 40-46 cm
Envergure : 71-90 cm
Poids : Fem : 400 g, mâle : 350 g
Longévité : 12 ans
Statut : Migrateur, hivernant rare
Cohabitation : Pluviers argentés, barges, bécasseaux sanderling
Territoire : Bords de mer, grèves
Distance d'approche : 40 à 30 m

Description : Il est nettement plus petit que le courlis cendré, ses pattes sont plus courtes ainsi que son bec. Sous un certain angle, l'arrière de sa tête semble coiffé d'un béret ; le sourcil est clair et marqué. Il est monogame et la femelle pond souvent quatre œufs de couleur vert olive, tachetés, incubés pendant près de trente jours. Sa capacité de mimétisme est assez impressionnante sur les grèves. Si vous l'avez perdu de vue, sachez qu'il se trouve peut-être juste à côté de vous, sans que vous ne le voyiez. La meilleure chose à faire est alors de vous asseoir et d'attendre qu'un mouvement vous renseigne sur sa présence...

Rare

Crave à bec rouge

Classe : Passeriformes
Famille : Corvidés
Nom scientifique :
Pyrrochorax pyrrochorax
Taille : 33 à 40 cm
Envergure : 64-73 cm
Poids : 220-370 g
Longévité : 14 ans
Statut : Hivernant, nicheur sédentaire, espèce protégée
Cohabitation : Corneille, goéland argenté
Territoire : Falaise, bord de mer, dune
Distance d'approche : 15 m

Description : Il est présent toute l'année sur les sites de landes rases de bord de mer et les falaises escarpées où il capture des insectes, abeilles et bourdons qu'il déterre avec son bec. Parfois, il est peu farouche, comme à la pointe de Pen Hir ou à la pointe de Dinan en Presqu'île de Crozon où il déambule près des parkings. Les jeunes revendiquent bruyamment leur nourriture et l'adulte est parfois obligé de jouer du bec et des pattes pour se faire respecter. Son cri, assez aigu, est très particulier et permet de déceler sa présence avant de l'avoir vu. Essayez de tenir les chiens en laisse pendant la période de nourrissage des jeunes et lors de toute visite sur un site.

Rare

Cygne tuberculé

Classe : Anseriformes
Famille : Anatidés
Nom scientifique :
Cygnus olor
Taille : 127 cm
Envergure : 200-250 cm
Poids : 9-13 kg
Longévité : 20 ans
Statut : Migrateur, hivernant, nicheur sédentaire, espèce protégée : liste rouge
Cohabitation :
Territoire : Bords de mer, estuaires, marais
Distance d'approche : Quelques mètres

Description : Voir le plus gros de nos oiseaux se rapprocher dans le viseur de l'appareil photo est impressionnant. Il est également impressionnant quand il se sèche ou se nettoie les plumes, s'étirant et s'ébrouant pour chasser les plumes décrochées, montant et se dressant sur l'eau, les ailes de plus de deux mètres d'envergure déployées et le cou étiré. Il se nourrit dans les eaux peu profondes de plantes et d'algues arrachées avec son bec puissant. Attention, en période de reproduction, il peut se montrer très menaçant et vous comprendrez vite pourquoi cet oiseau figurait sur certains ornements héraldiques.

Eider à duvet

Classe : Anseriformes
Famille : Anatidés
Nom scientifique :
Somateria mollissima
Taille : 50 à 71 cm
Envergure : 80-110 cm
Poids : 1220-2800 g
Longévité : 18 ans
Statut : Migrateur, hivernant, nicheur rare, espèce protégée : liste rouge
Cohabitation : Guillemot à miroir, goéland argenté
Territoire : Port, bord de mer
Distance d'approche : 20 à 15 m

Description : Ce canard imposant est très repérable par le contraste de noir et de blanc de son plumage. Le mâle semble porter un bonnet sur de longs cheveux blonds. La femelle, elle, est plus terne, d'une teinte brunâtre. Le profil de l'eider est particulier : bec en forme de coin et ventre proéminent. La moitié inférieure de son corps est noire, marquée de blanc juste sous le croupion, tandis que la partie supérieure est blanche. Le bec est jaune. Les mâles dominants peuvent avoir plusieurs femelles. Présent sur les côtes escarpées comme sur les bancs de sable ou les îles, il est également visible dans les ports en Angleterre ou en Irlande. Il se nourrit de crabes, de coquillages et de mollusques. L'hiver, en France, il ne dédaigne pas l'eau douce des fleuves ou des rivières. Cet oiseau peut s'observer dans le grand Ouest.
Dans les pays nordiques, ses plumes sont récoltées sur les nids après la ponte pour confectionner des oreillers.

Peu courant

Étourneau sansonnet

Classe : Passeriformes
Famille : Sturnidés
Nom scientifique : *Sturnus vulgaris*
Taille : 21 cm
Envergure : 32 à 40 cm
Poids : 75-90 g
Longévité : 20 ans
Statut : Migrateur, hivernant, nicheur sédentaire
Cohabitation : Mouette rieuse, vanneaux
Territoire : Tout le territoire sauf la pleine mer
Distance d'approche : 15 à 10 m

Description : En hiver, les bandes importantes de ces oiseaux sont impressionnantes et bien souvent assimilées à un fléau à cause du bruit et des fientes produites. Pourtant, ce migrateur (autrefois chassé) est un bel oiseau quand il est paré pour les amours : son plumage prend des reflets verts et violets superbes, son bec devient bien jaune, alors qu'il est terne en hiver. On le trouve fréquemment au milieu des tournepierres, sur la plage, fouillant les laisses de marée. Dans les zones rurales, lors des migrations, les étourneaux se rassemblent par groupes de plusieurs milliers d'individus autour d'un clocher, dans les champs ou autour d'un élevage, se nourrissant de déchets de graines. La buse que vous observez, accrochée bizarrement sur une branche ou sur un poteau de bord de talus attend souvent un vol d'étourneaux ou de vanneaux.

Faucon pèlerin

Classe : Falconiformes
Famille : Falconidés
Nom scientifique :
Falco peregrinus
Taille : 34-50 cm
Envergure : 95-115 cm
Poids : Fem : 900-1300 g, mâle : 600-750 g
Longévité : 16 ans
Statut : Nicheur, migrateur, hivernant, espèce protégée : liste rouge
Cohabitation :
Goélands argentés
Territoire : Falaises, pinèdes de bord de mer
Distance d'approche : 40 m

Description : Une guerre de trop pour cet oiseau chasseur de pigeons ! Le transport des missives ayant une grande importance, on a, autrefois, fait le choix d'éliminer le faucon pèlerin, grand prédateur de pigeons, ce qui explique sa quasi-extinction en Europe de l'ouest. Disparu ? Non, pas tout à fait, et grâce à un travail de patience, l'espèce, petit à petit, se réinstalle ici et là. Dans la presqu'île de Crozon, cinq à sept couples sont recensés. Les faucons se nourrissent d'oiseaux qu'ils capturent en vol. Les ailes repliées, ils plongent sur eux, à une vitesse pouvant atteindre les 350 km/h. Ils font leur nid sur la roche et les trois ou quatre œufs sont couvés une trentaine de jours par la femelle. Larges moustaches noires, dessus de la tête gris bleuté, base de la queue gris clair. Il se nourrit d'oiseaux de types vanneaux, pigeons, choucas...

Rare

Flamant rose

Classe : Phoenicopteriformes
Famille : Phoenicopteridés
Nom scientifique :
Phooenicopterus roseus
Taille : 125 à 127 cm
Envergure : 140-165 cm
Poids : 2500-3500 g
Longévité : 13 ans
Statut : Migrateur, hivernant, nicheur sédentaire, espèce protégée : liste rouge
Cohabitation : Spatule
Territoire : Eaux saumâtres, bords de mer, étangs littoraux
Distance d'approche : 30 m

Description : Ce grand échassier n'a nul besoin d'être présenté : sa taille, sa couleur, comme son statut d'oiseau très connu, ne permettent pas qu'on le confonde. Un vol de flamants roses passant à proximité est un spectacle inoubliable. Il est dommage que cet oiseau, sauf cas exceptionnel en France, se cantonne à la Méditerranée. En groupe, il fouille la vase pour se nourrir, filtrant et capturant de petites proies : des crevettes très particulières, dont il se nourrit, et dont l'absence peut s'avérer catastrophique pour cet oiseau et entraîner la mort de plusieurs centaines d'individus. Les regroupements de nidification peuvent rassembler des centaines de couples. Cet oiseau est, fait surprenant, capable de nager malgré la longueur de ses pattes.

Fou de Bassan

Classe : Pelecaniformes
Famille : Sulidés
Nom scientifique :
Sula bassana - Morus bassanus
Taille : 87-100 cm
Envergure : 165-180 cm
Poids : 2800-3200 g
Longévité : 21 ans
Statut : Nicheur, migrateur, hivernant, espèce protégée : liste orange
Cohabitation : Macareux, torda, etc.
Territoire : Îles, falaises
Distance d'approche : 20 à 15 m

Description : Majestueux, ce grand oiseau de mer de plus de 1,80 mètre d'envergure dégage une impression de puissance et de souplesse en vol. Il faut le voir faire son virage sur l'aile, plonger de 20 à 30 mètres et, au dernier moment, replier ses ailes en empennage de flèche pour faciliter son entrée dans l'eau. La vitesse et la force d'impact dans l'eau sont énormes. Il remonte, alors, comme un bouchon, et... sans poisson dans le bec. Ne pensez pas pour autant que vous avez affaire à un piètre pêcheur : il a tout simplement avalé son poisson sous l'eau. On peut le voir d'avril à octobre en baie de Douarnenez, en rade de Brest (Finistère), dans les Côtes-d'Armor (grande colonie des Sept îles) ou au cap Fréhel (Ille-et-Vilaine). La colonie des îlots des Sept îles est en pleine expansion. Son œil bleu clair donne au regard une douceur, que les poissons ne doivent pas ressentir... Le couple est formé pour la vie.

Courant

Fou de Bassan aux Sept Îles

Foulque macroule

Classe : Gruiformes
Famille : Rallidés
Nom scientifique : *Fulica atra*
Taille : 36-38 cm
Envergure : 70-80 cm
Poids : Fem : 575-800 g, mâle : 650-900 g
Longévité : 18 ans
Statut : Migrateur, hivernant, nicheur sédentaire, espèce non protégée
Cohabitation : Mouette rieuse, cormoran, grèbe huppé, poule d'eau, colverts
Territoire : Étang, eau saumâtre, plan d'eau
Distance d'approche : 10 m

Description : Oiseau noir, assez hargneux malgré sa taille. Il aime vivre dans les marais saumâtres en bordure des roselières en groupes de, parfois, plusieurs centaines d'individus. Ses pattes sont du même type que celles des grèbes. Familier des plans d'eau aménagés par l'homme, il y vient se nourrir de pain. Nourriture de base : petits crustacés, parfois petits poissons mais aussi algues et autres pousses de printemps. Distance d'approche très faible, variant selon les individus. Il plonge pour aller chercher sa nourriture, s'immerge complètement et remonte comme un bouchon. On le voit souvent en compagnie de canards colvert. Son œil rouge se détache nettement sur la robe noirâtre. La femelle a la partie frontale blanche moins importante que celle du mâle. L'affrontement entre deux mâles, très bruyant et spectaculaire, présente, à mon avis, des similitudes avec un combat de sumos japonais… Son cri, assez strident, est presque désagréable ; il s'accompagne de claquements de bec.

Fuligule morillon

Classe : Anseriformes
Famille : Anatidés
Nom scientifique :
Aythya fuligula
Taille : 40-47 cm
Envergure : 67-73 cm
Poids : 550-900 g
Longévité : 15 ans
Statut : Nicheur, migrateur, hivernant, espèce non protégée
Cohabitation : Fuligule milouinan, foulque, colvert
Territoire : Marais, étang, zone saumâtre
Distance d'approche : 20 à 15 m

Description : Cet oiseau est reconnaissable à sa longue huppe retombant vers l'arrière du cou, qui, de face, lui donne un air parfois menaçant. La tête du mâle a des reflets bleu profond très jolis. La femelle est d'une couleur plus terne qui met en valeur son œil jaune. Pour se nourrir, il plonge et s'immerge complètement, chassant des mollusques et récoltant des algues. On l'observe en groupes assez importants, pouvant comprendre plus de cent individus...
Les bords et les berges lui servent de refuge, il y circule à l'abri des regards.

Gallinule poule d'eau

Classe : Gruiformes
Famille : Rallidés
Nom scientifique : *Gallinula chloropus*
Taille : 32-35 cm
Envergure : 50-55 cm
Poids : 260 à 400 g
Longévité : 15 ans
Statut : Migrateur, hivernant, nicheur sédentaire
Cohabitation : Foulque, colvert, râle d'eau
Territoire : Plan d'eau douce ou saumâtre
Distance d'approche : 15 m

Description : Elle est plus petite que le foulque, avec lequel elle a souvent maille à partir, puisqu'ils cohabitent dans les mêmes roseaux. Le bec rouge à bout jaune des adultes est caractéristique, comme la queue blanche marquée de noir. Les pattes, elles, sont jaunes. Les poules d'eau étant beaucoup plus farouches que les foulques, la distance d'approche est d'une quinzaine de mètres. Les petits peuvent être élevés par deux ou trois couples. Les petits sont tout noir avec un bec rouge marqué d'une petite tache jaune sur l'extrémité. Voir une poule d'eau sur l'eau avec six ou sept petits n'a rien de surprenant.

Goéland argenté

Classe : Charadriiformes
Famille : Laridés
Nom scientifique :
Larus argentatus
Taille : 55-67 cm
Envergure : 130-158 cm
Poids : 750-1 250 g
Longévité : 32 ans
Statut : Nicheur, permanent, hivernant, espèce protégée
Cohabitation : Goéland brun, goéland marin, mouette
Territoire : Falaises et plages, champs, villes, rivières, marais
Distance d'approche : 10 à 5 m

Description : Cet oiseau était très commun, il y a encore quelques années, du fait des décharges à ciel ouvert. Le goéland argenté a vu son effectif diminuer nettement depuis la mise aux normes de celles-ci. Sa nourriture est très éclectique (pain, viande, poisson, fruits, insectes, oisillons), bien que cet oiseau soit un « superpêcheur ». Il faut l'observer à l'œuvre à marée montante, pêchant dans le ressac brassé de sable et d'algues, pour revoir ses a priori à propos de cet oiseau. Suivez les couples à vingt mètres, sans les déranger, et observez l'efficacité de leur bec pour décoller les ormeaux ou capturer un poisson dans les algues. Cet oiseau d'aspect tranquille, observé dans les ports, n'hésite pas à se frotter, en vol, au grand corbeau, lequel, plus isolé, est obligé de battre en retraite ou de laisser tomber son repas... Sur la photo, le petit goéland tape avec son bec sur la tache rouge pour faire déglutir l'adulte.
Il est présent sur toute la façade Atlantique.

Courant

Décollage à rebondissements du goéland argenté

Goéland brun

Classe : Charadriiformes
Famille : Laridés
Nom scientifique : *Larus fuscus*
Taille : 52-67 cm
Envergure : 128-148 cm
Poids : 650-1 000 g
Longévité : 26 ans
Statut : Nicheur, migrateur, hivernant, espèce protégée
Cohabitation : Goéland argenté, goéland marin
Territoire : Bords de mer, champs, rivières, ports
Distance d'approche : 15 à 10 m

Description : Il faut voir côte à côte le goéland argenté, le goéland marin et le goéland brun pour mesurer les différences de taille. Le goéland brun a une taille sensiblement identique à celle de l'argenté. Pattes jaunes, bec plus court avec une tâche rouge sous le bec, il se nourrit, éventuellement, dans les champs. En mai ou juin, la femelle pond deux ou trois œufs. Il ne faut pas le confondre avec le goéland leucophée qui est gris comme le goéland argenté. Le goéland brun, lui aussi, a les pattes jaunes, mais les ailes gris sombre comme le goéland marin. Il se nourrit de poissons, de mollusques mais aussi de charognes.
Il est présent sur toute la façade Atlantique.

Goéland cendré

Classe : Charadriiformes
Famille : Laridés
Nom scientifique : *Larus canus*
Taille : 38-44 cm
Envergure : 106-125 cm
Poids : 300-500 g
Longévité : 24 ans
Statut : Migrateur rare, hivernant rare, espèce protégée : liste rouge
Cohabitation : Goélands argentés, goélands bruns, mouettes
Territoire : Port et bord de mer
Distance d'approche : 15 à 10 m

Description : Il ressemble par son allure à la mouette tridactyle, bien que son corps soit plus allongé et ses ailes plus longues, ce qui lui donne une drôle de silhouette. Quand il marche, on a l'impression qu'il fait des pointes comme un danseur étoile. Ses pattes jaune verdâtre constituent le meilleur indice pour le différencier de la mouette tridactyle, qui, elle, a les pattes noires. Pour se nourrir, il attrape des crevettes, des petits poissons, des petits crustacés, mais aussi des coquillages, à marée montante. Il est assez farouche et ne se laisse pas volontiers photographier. Il faut user de ruses et, par exemple, le photographier depuis l'intérieur d'une voiture, à condition d'avoir trouvé un endroit pour l'approcher.

Goéland leucophée

Classe : Charadriiformes
Famille : Laridés
Nom scientifique :
Larus cachinnans/michahellis
Taille : 55-67 cm
Envergure : 130-158 cm
Poids : 750-1250 g
Longévité : 29 ans
Statut : Nicheur, migrateur, hivernant, espèce protégée
Cohabitation : Goéland marin, mouette rieuse, cormoran
Territoire : Bord de mer, étendue d'eau (douce, saumâtre, salée)
Distance d'approche : 20 à 15 m

Description : Il est un proche parent du goéland argenté, sous-espèce du sud de l'Europe. Pattes jaunes, pourtour de l'œil rouge, barre noire sur l'extrémité du bec. Son comportement est semblable à celui du goéland argenté en ce qui concerne les méthodes de pêche. Il se nourrit de poissons, de déchets, mais aussi d'oisillons d'autres espèces d'oiseaux marins. Cet oiseau, superbement efficace à la pêche comme dans la prédation, ne laisse rien au hasard.

Goéland marin

Classe : Charadriiformes
Famille : Laridés
Nom scientifique : *Larus marinus*
Taille : 64-78 cm
Envergure : 150-170 cm
Poids : 1150-2150 g
Longévité : 20 ans
Statut : Migrateur, hivernant, nicheur sédentaire, espèce protégée
Cohabitation : Goéland argenté, mouette rieuse
Territoire : Bords de mer, vasières, champs
Distance d'approche : 20 à 15 m

Description : Il est impressionnant de le voir régner sur son petit monde. Le plus gros des goélands de nos côtes a l'allure si imposante que tous lâchent le morceau de pain, pourtant si difficilement gagné, s'il semble s'y intéresser. Malgré les apparences, et en dépit de son volume, le goéland marin est un bond pêcheur et « il a l'œil ». Il vit souvent en couple. Il se laisse peu approcher par l'homme, préférant s'éloigner, l'air réprobateur. « Piquer » un poisson au héron cendré ne le dérangera pas. Le dessus de son plumage est presque noir. Les nouveau-nés ont déjà le sentiment de leur pouvoir, car, de leurs nids, ils dominent souvent le reste de la colonie des oiseaux nicheurs. Parfois, bizarrement, plusieurs goélands argentés s'associent pour le poursuivre.

Courant

Grand corbeau

Classe : Passeriformes
Famille : Corvidés
Nom scientifique : *Corvus corax*
Taille : 65 cm
Envergure : 130 à 145 cm
Poids : 1000-1600 g
Longévité : 16 ans
Statut : Nicheur sédentaire, migrateur occasionnel, espèce protégée
Cohabitation : Couple ou groupe familial
Territoire : Falaise
Distance d'approche : 30 m

Description : Quand on qualifie ce passereau de « grand », il ne s'agit nullement d'une vue de l'esprit : 65 centimètres de haut et 1 mètre 40 d'envergure.
Quelques couples survolent les falaises, de chaque côté de l'anse de Camaret (Finistère). Sa mauvaise réputation lui viendrait de sa présence sur les échouages et les champs de bataille. Quelques couples aux Sept îles... et voilà l'effectif breton pratiquement au complet. Le nid est placé dans le creux de la falaise, dans un endroit inaccessible. La ponte est précoce, les quatre à six œufs bleu clair sont couvés pendant trois semaines.
En hiver, il est souvent en rivalité avec les goélands pour récupérer les restes de pain ou de poissons jetés dans le port.

Menacé

Grand cormoran

Classe : Pelecaniformes
Famille : Phalacrocoracidés
Nom scientifique :
Phalacrocorax carbo
Taille : 80-100 cm
Envergure : 130-160 cm
Poids : 2000-2500 g
Longévité : 20 ans
Statut : Nicheur, migrateur, hivernant, espèce protégée
Cohabitation : Goéland argenté, cormoran huppé
Territoire : Bord de mer
Distance d'approche : 20 à 15 m

Description : Le mâle nicheur est facilement repérable à son allure de vieux punk grisonnant. Il se nourrit essentiellement de poissons, qu'il pêche en rivière comme en mer. La taille de ses proies est parfois surprenante : aiguillette, poisson plat, rascasse, bar, enfin tout ce qui porte écailles. Par contre, il ne mange pas autant qu'on le prétend. Le voir plonger et replonger démontre qu'il ne ménage pas sa peine pour capturer son poisson mais aussi que la prise n'est pas si fréquente. Le rectangle blanc à l'arrière de la cuisse est repérable de loin, même en vol, et permet de le distinguer du cormoran huppé.

Grand gravelot

Classe : Charadriiformes
Famille : Charadriidés
Nom scientifique :
Charadrius hiaticula
Taille : 18-20 cm
Envergure : 48-57 cm
Poids : 55-75 g
Longévité : 10 ans
Statut : Nicheur rare, migrateur, hivernant, espèce protégée : liste rouge
Cohabitation : bécasseau sanderling
Territoire : Zone de l'estran
Distance d'approche : 15 m

Description : Son bec orange à bout noir le différencie des autres espèces. Quand l'oiseau est immature, ses pattes sont jaunâtres et sa cagoule noire n'est pas marquée. Le bec du grand gravelot est plus court que celui du gravelot à collier interrompu.
On le voit souvent, en vol, avec des tourne-pierres et des bécasseaux sanderling. Début juin, la femelle pond trois ou quatre œufs. Les petits volent à l'âge de vingt ou vingt-cinq jours, à la recherche des petits vers et des crevettes des sables dont ils se nourrissent. Le balancement qu'il effectue sur ses pattes donne l'impression qu'il se sent continuellement menacé et qu'il est toujours en instance de décollage. Une raie noire est dessinée autour de sa tête, d'un œil à l'autre : on pourrait penser qu'il porte des écouteurs.

Courant

Gravelot à collier interrompu

Classe : Charadriiformes
Famille : Charadriidés
Nom scientifique :
Charadrius alexandrinus
Taille : 15-17 cm
Envergure : 42-58 cm
Poids : 40-60 g
Longévité : 10 ans
Statut : Nicheur, migrateur, hivernant rare, espèce protégée : liste rouge
Cohabitation : Grand gravelot
Territoire : Zones découvertes par la marée, grèves
Distance d'approche : 20 à15 m

Description : Le collier noir « interrompu » ne fait pas entièrement le tour du cou, le bec est gris-noir, le mâle a une calotte rouge-brun sur le dessus du crâne. Il se rencontre plus fréquemment en Méditerranée qu'en Bretagne où il est rare. Pour se nourrir, il attrape des petits poissons, des crevettes et autres crustacés sur les zones découvertes par la marée. A la différence du grand gravelot, il ne porte pas de cagoule noire et son bec est un peu plus grand et effilé. Les pattes noires sont un signe qui permet de le distinguer avec certitude de certains individus immatures de l'espèce grand gravelot. Le cou est également moins marqué que celui du grand gravelot, ce qui peut donner l'illusion que sa tête est plus grosse.

Grèbe à cou noir

Classe : Podicipediformes
Famille : Podicipedidés
Nom scientifique :
Podiceps nigricollis
Taille : 28-34 cm
Envergure : 55-60 cm
Poids : 150-220 g
Statut : Migrateur, hivernant, nicheur occasionnel, espèce protégée
Cohabitation : Grèbe huppé, cormoran, mouette rieuse
Territoire : Mer intérieure, baie
Distance d'approche : 15 m

Description : Ce petit oiseau marin que l'on aperçoit dans les ports en hiver frappe l'attention par le rouge de son œil, mis en valeur par le gris sombre de son plumage d'hiver. Souvent seul ou en couple, il se nourrit de petits crabes, de poissons et de crevettes. Une fois mis en confiance, il se laisse assez facilement approcher, sinon la distance d'approche est de 15 mètres. Il plonge rapidement et sans relâche, pourchassant les poissons sous l'eau autour des quilles de bateaux, des algues et des roches. Aux mois de février et mars, le plumage s'oxyde, une touffe de plumes décorative de couleur feu vient marquer l'arrière des yeux comme de longs cils.

Grèbe castagneux

Classe : Podicipediformes
Famille : Podicipedidés
Nom scientifique : *Tachybaptus ruficollis*
Taille : 25-29 cm
Envergure : 40-45 cm
Poids : 100-200 g
Longévité : 13 ans
Statut : Nicheur, migrateur, hivernant, espèce protégée
Cohabitation : Foulque, grèbe huppé
Territoire : Retenue d'eau saumâtre, étang mais aussi bord de mer ou port
Distance d'approche : 20 m

Description : Le supplice du photographe : il plonge sans arrêt. En effet ce petit oiseau des zones de marais ou des étangs saumâtres, vivant en petits groupes rassemblés autour d'une famille de cinq ou six individus, s'éloigne dès qu'il se sent observé. Son hennissement très particulier vous renseignera sur sa présence bien avant que vous l'ayez repéré sur l'eau. Beaucoup de personnes le prennent, à tort, pour un caneton à cause de son plumage à l'aspect duveteux. Il plonge souvent de façon alternée pour exercer sa surveillance. Il se nourrit de petits crustacés qu'il capture en plongeant. C'est un oiseau qui peut user de plus d'un stratagème pour se dissimuler à vos yeux. Souvent, il m'est arrivé d'attendre très longtemps avant de le voir remonter après un plongeon : je me suis rendu compte — après avoir désespéré de mes capacités visuelles — qu'il pouvait respirer en sortant seulement le bout du bec et qu'il pouvait parcourir, de cette manière, entre 50 et 100 mètres, selon l'état de la mer.

Courant

Grèbe huppé

Classe : Podicipediformes
Famille : Podicipedidés
Nom scientifique :
Podiceps cristatus
Taille : 46-51 cm
Envergure : 85-90 cm
Poids : 750-1200 g
Longévité : 10 ans
Statut : Nicheur, migrateur, hivernant, espèce protégée
Cohabitation : Cormoran, grèbe castagneux, foulque
Territoire : Port, estuaire, marais
Distance d'approche : 20 à 15 m

Description : On pourrait l'appeler « le lion des marais ou de l'estran » tant sa crinière noir roux rappelle étrangement une chevelure ou la crinière d'un lion. Mais sa silhouette sur l'étang ou dans le port, son bec pointu, sa taille, ne laissent subsister aucun doute : c'est bien un grèbe huppé. Ce bel oiseau n'est pas coopératif pour les prises de vues — sauf si l'on dispose d'un 500 ou d'un 600 mm — car il ne se laisse pas approcher à moins de 15 mètres. Les parades nuptiales valent le coup d'œil : on aperçoit alors les oiseaux montant sur l'eau, cou contre cou, têtes et becs dressés vers le ciel, se défiant, tout en bravant les limites de la gravité. Cet oiseau est plus facile à approcher sous la pluie.

Guillemot à miroir

Classe : Charadriiformes
Famille : Alcidés
Nom scientifique :
Cepphus grylle
Taille : 30-32 cm
Envergure : 52-58 cm
Poids : 320-485 g
Statut : Migrateur occasionnel, hivernant occasionnel
Cohabitation : Eider, goéland argenté, torda
Territoire : Falaise, côtes accidentées, ports
Distance d'approche : 10 à 5 m

Description : Sa présence résulte du passage accidentel d'un oiseau détourné par une tempête. Il semble noir ou tourbe selon l'éclairage, à l'exception d'un triangle blanc sur l'aile qui fonctionne comme un miroir et reflète le fond de l'eau. Fréquent sur les côtes anglaises, il niche sur les falaises et se nourrit des poissons qu'il attrape en plongeant.

Ce petit oiseau sympathique, qui ne déteste pas la présence humaine, nage et pêche souvent autour des bateaux au mouillage. L'hiver, il séjourne, comme le guillemot de Troïl, dans un port de pêche ou de plaisance, trouvant là une quantité des petits poissons dont il se nourrit. Les pattes rouges et la tâche blanche permettent de ne pas le confondre avec d'autres oiseaux, même à distance. Il est un peu plus grand que le grèbe cou noir.

Rare

Guillemot de Troïl

Classe : Charadriiformes
Famille : Alcidés
Nom scientifique : *Uria aalge*
Taille : 38-45 cm
Envergure : 64-73 cm
Poids : 850-1130 g
Longévité : 32 ans
Statut : Nicheur rare, migrateur, hivernant, espèce protégée
Cohabitation :
Territoire : Falaises
Distance d'approche : 10 à 5 m

Description : Cette espèce a le dessus du corps, la tête et la gorge brun sombre. Le dessous du corps est blanc, les flancs sont rayés, ses pattes sont jaune ocre et noir. Le bec noir est long et pointu. On l'aperçoit l'hiver dans les ports, où il pêche tranquillement au milieu des bateaux de plaisanciers. Le voir se sécher en agitant les ailes et en se dressant sur l'eau est un spectacle très distrayant. L'espèce la plus courante est appelée « bridée » à cause du cercle oculaire et du trait en arrière de l'œil. Les mâles et femelles sont identiques. Il existe une variante, dite « scillée », dont le tour supérieur de l'œil est souligné d'un trait blanc. Les jeunes peuvent être observés dans les ports dès la fin août.
Cette population est très sensible et a du mal à résister aux dangers que représentent le pétrole, les filets de pêcheurs et les prédateurs (corvidés).

Peu courant

Guillemots cillés sur le rocher du Lion à Camaret

Guillemot de Troïl cillé

Classe : Charadriiformes
Famille : Alcidés
Nom scientifique : *Uria aalge*
Taille : 38-45 cm
Envergure : 64-73 cm
Poids : 850-1130 g
Longévité : 32 ans
Statut : Nicheur rare, migrateur, hivernant, espèce protégée
Cohabitation :
Territoire : Falaises
Distance d'approche : 10 à 5 m

Description : Le trait blanc qu'il porte au dessus de l'œil comme un trait de mascara a donné son nom à cette variante du guillemot de Troïl, ainsi appelé « scillé ». On le trouve mélangé aux autres guillemots. Ce petit coup de crayon de la nature lui donne une petite élégance de plus, mais ce signe ne l'empêche pas d'être lui aussi victime des nappes de pétrole de surface. Pour sa venue en hiver, dans les ports, attention aux fuites de gasoil, il ne faudrait pas que le lourd tribut payé par cet oiseau lors de marées noires s'alourdisse encore à cause de simples négligences dans les ports de plaisance et de pêche.

Peu courant

Harle huppé

Classe : Anseriformes
Famille : Anatidés
Nom scientifique :
Mergus serrator
Taille : 51-62 cm
Envergure : 70-86 cm
Poids : 1000-1250 g
Longévité : 9 ans
Statut : Migrateur, hivernant, nicheur occasionnel, espèce protégée : liste rouge
Cohabitation : Aigrettes garzette, mouettes rieuses, cormorans, plongeons
Territoire : Bord de mer
Distance d'approche : 20 m

Description : Drôle d'oiseau à l'allure de punk. On le repère souvent de loin à cause de l'agitation qu'il provoque lors de ses pêches organisées, attirant autour de lui les mouettes rieuses, les cormorans, les aigrettes. Il semble pousser les bancs de poissons vers des zones de peu de fond et en grève remontante. Malgré sa taille, il plonge sans problème dans des profondeurs de seulement cinquante centimètres. Son bec est très particulier, long et fin, bordé de dents comme une scie. Le mâle a la tête vert noir, le cou est blanc et moucheté de brun à la base. La femelle a la tête et le cou roux. Le dessus et l'arrière de la tête portent une crête. Le harle bièvre, autre membre de la famille des harles, est plus grand et beaucoup moins fréquent sur le littoral breton.

Héron cendré

Classe : Ciconiiformes
Famille : Ardéidés
Nom scientifique : *Ardea cinerea*
Taille : 90-98 cm
Envergure : 175-195 cm
Poids : 600-1 200 g
Longévité : 25 ans
Statut : Nicheur, migrateur, hivernant, espèce protégée
Cohabitation : Aigrettes, spatules
Territoire : Mer, étangs, marais, rivières
Distance d'approche : 30 m

Description : L'immobilité du héron cendré à l'affût est saisissante, il peut rester en repos pendant plusieurs dizaines de minutes et se mettre en mouvement d'un seul coup, faucher sa proie de son bec acéré, puis l'engloutir rapidement.
Très farouche, il ne se laisse pas ou peu approcher. Il niche en groupes dans les arbres, en bordure d'étangs ou de rivières. Son territoire est en expansion. Il est impressionnant de remonter une rivière en bateau et de voir les hérons alignés comme des vigies, dès le petit matin. Attention à vos carpes ou poissons rouges dans les bassins extérieurs ! Le héron n'en ferait qu'une bouchée. Le héron se nourrit également de batraciens et de vertébrés.

Hirondelle rustique

Classe : Passeriformes
Famille : Hirundinidés
Nom scientifique :
Hirundo rustica
Taille : 13-19 cm
Envergure : 32-34 cm
Poids : 16-25 g
Longévité : 16 ans
Statut : Nicheur, migrateur, hivernant rare, espèce protégée : liste orange
Cohabitation : Martinets, moineaux
Territoire : Vieilles granges, dunes
Distance d'approche : 5 m

Description : Face avant rouge, collier large et sombre, ventre légèrement teinté de crème, queue à longs filets. Elle niche souvent dans les granges, sous les toits des bâtiments agricoles ouverts. Elle a des reflets bleutés prononcés sur le dos, et la moitié de l'aile est noire. Les hirondelles rustiques se rassemblent en grands groupes et se joignent à d'autres espèces d'hirondelles dans les marais et les roselières où les insectes aériens abondent. En été, leurs farandoles aériennes animent nos plages et nos dunes. Leur virtuosité en vol est impressionnante, il faut les voir s'échanger des insectes en vol... Une pluie d'orage en août et les voilà posées près d'une flaque pour mélanger de l'eau et de la terre : un vrai petit maçon que notre hirondelle, qui va restaurer le nid dont l'orifice a été élargi pour laisser sortir les petits.

Huîtrier pie

Classe : Charadriiformes
Famille : Haematopodidés
Nom scientifique :
Haematopus ostralegus
Taille : 40-45 cm
Envergure : 80-86 cm
Poids : 400-700 g
Longévité : 36 ans
Statut : Migrateur, hivernant, nicheur sédentaire, espèce protégée : liste rouge
Cohabitation : Aigrette, goéland, tourne-pierre
Territoire : Grèves, plages
Distance d'approche : 15 m

Description : Oiseau noir et blanc, comme la pie, vivant en groupe, bruyant à cause de ses cris répétitifs. Son bec orange lui sert à « piquer » des coquillages du type palourdes, praires et bivalves, qu'il surprend, en plantant son bec entre les coquilles. Son œil rouge est fascinant, quand on peut l'approcher d'assez près. Il est présent essentiellement sur les rivages maritimes ou sous l'influence de la marée. Son cri donne constamment l'impression qu'il est agacé par notre présence. Le groupe fonctionne comme une escadrille : le chef décide du décollage, le groupe se reconstitue et, dans un premier temps, se déplace en fuyant « à pied », pour que tous aient le temps de rejoindre le groupe.
Cet oiseau est visible sur toute la façade Atlantique.

Courant

Ibis sacré

Classe : Ciconiiformes
Famille : Threskiornithidés
Nom scientifique :
Threskiornis aethiopicus
Taille : 65-75 cm
Envergure : 112-124 cm
Poids : 1250-1500 g
Longévité : 21 ans
Statut : Migrateur rare, nicheur, hivernant, espèce protégée
Cohabitation : Aigrette, héron, spatule
Territoire : Marais, décharges
Distance d'approche : 10 à 5 m

Description : Drôle d'oiseau avec sa tête noire déplumée. Son arrivée sur nos rivages, il y a une quarantaine d'années, n'est pas naturelle. Il s'est échappé d'un parc et s'est acclimaté. Selon certains spécialistes, il deviendrait même menaçant pour certaines espèces locales. La cohabitation avec les aigrettes et les hérons, espèces qu'il fréquente le plus, ne semble pas trop difficile. Il est vrai que l'aigrette garzette, comme le héron cendré, tendent aussi à étendre leur territoire. Association de dominants ? La question reste posée. Quand il vole, c'est un oiseau agréable à regarder. Peu farouche, il se laisse observer à 10 mètres. Sa tête noire, son bec courbe et sa taille le rendent facilement identifiable.
Présence actuelle en évolution : il remonte progressivement vers Pont-l'Abbé (Finistère sud) et, dans la direction opposée, il colonise la Gironde. On recense plus de 350 couples nicheurs sur cette zone.

Courant

Macareux moine

Classe : Charadriiformes
Famille : Alcidés
Nom scientifique :
Fratercula arctica
Taille : 24-29 cm
Envergure : 47-63 cm
Poids : 320-550 g
Longévité : 22 ans
Statut : Nicheur rare, migrateur, hivernant, espèce protégée
Cohabitation : Fou de Bassan, pingouin torda, guillemot
Territoire : Niche dans un terrier sur les bords de falaises.
Distance d'approche : 15 à 10 m

Description : Il est encore présent aux Sept îles, et, en petit nombre, sur quelques rares îlots. Le macareux est reconnaissable, en été, à son bec triangulaire orange, recouvert de plaques cornées jaunes, rouges, grises, qui lui ont valu le nom de « perroquet de mer ». Il se nourrit de poissons de bancs du type lançons, sprats, pétros...
Les marées noires successives et les dégazages ont eu raison des colonies bretonnes de cet oiseau. Combien de temps faudra-t-il pour que ces colonies se reconstituent ? S'il s'avère que le macareux ne se reproduit que là où il est né, la cause semble perdue, d'autant plus que la colonie des Sept îles ne se développe pas vraiment... Sur un plan plus général, la surpêche de certaines espèces (fretin de hareng) semble commencer à poser des problèmes d'alimentation aux colonies du nord de l'Europe qui ont perdu un pourcentage élevé de leur population par manque de nourriture. Il serait temps de se mobiliser pour que cet oiseau symbolique ne disparaisse pas de nos rivages de France.

Menacé

Martin-pêcheur d'Europe

Classe : Coraciiformes
Famille : Alcédinidés
Nom scientifique : *Alcedo atthis*
Taille : 16-17 cm
Envergure : 24-26 cm
Poids : 40-45 g
Longévité : 15 ans
Statut : Nicheur, migrateur, hivernant, espèce protégée
Territoire : Toute les zones humides où circulent des poissons
Distance d'approche : 40 à 30 m

Description : Pour un oiseau doté d'un si beau plumage, il est très discret. Rapide, farouche, il a une vue perçante et s'envole dès qu'il se sent observé : il tolère à peine une approche de 30 à 40 mètres. Il fréquente un territoire très précis : berges de rivière, marais, étangs, bords de mer et intérieur des ports. Pour ceux qui vivent en bordure de mer, ce territoire change en fonction des marées. Petits poissons et insectes aquatiques constituent l'essentiel de sa nourriture. On pourrait l'appeler « la flèche des marais et des plans d'eau », tant il est furtif. Souvent vous l'apercevrez trop tard, alors qu'il s'éloigne déjà de vous.

Peu courant

Ce martin-pêcheur est un esthète efficace

Milan noir

Classe : Accipitriformes
Famille : Accipitridés
Nom scientifique :
Milvus migrans
Taille : 55 à 60 cm
Envergure : 135-155 cm
Poids : 650-950 g
Longévité : 23 ans
Statut : Migrateur, hivernant, nicheur rare, espèce protégée : liste rouge
Cohabitation : Balbuzard
Territoire : Port, bord de mer
Distance d'approche : 50 à 40 m

Description : Ce rapace de taille moyenne est comparable à une buse variable. Le bas du ventre est plutôt rouge chez les mâles. Il fréquente les zones humides (étangs, lacs, lagunes...) à proximité de grands arbres.

Les ailes sont coudées. Ce migrateur revient du Sahara vers le milieu du mois de mars et son séjour en France ne dure que le temps de la reproduction, soit environ quatre mois. Pour se nourrir, il prélève les poissons morts ou malades de 15 à 25 cm. Il complète son alimentation en fréquentant les décharges. L'effectif européen est en nette régression. Pour la nidification, les milans n'hésitent pas à se regrouper. Le nid, construit avec du matériel de récupération (papiers, vieux textiles et branchages) est bâti dans un grand arbre. Cette espèce est plus fréquente en Loire-Atlantique, en Gironde et au Pays basque.

Mouette mélanocéphale

Classe : Charadriiformes
Famille : Laridés
Nom scientifique :
Larus melanocephalus
Taille : 38-44 cm
Envergure : 94-105 cm
Poids : 225-350 g
Longévité : 32 ans
Statut : Nicheur, migrateur, hivernant, espèce protégée
Cohabitation : Goéland argenté, mouette rieuse, goéland cendré
Territoire : Bord de mer
Distance d'approche : 15 m

Description : Cet oiseau se caractérise par une cagoule légèrement relevée à l'arrière du crâne, plus droite que celle de la mouette rieuse. Le bout de ses ailes est blanc ; son bec est rouge, barré de noir et plus trapu que celui de la rieuse ; ses pattes sont rouge sombre. La mouette mélanocéphale descend à 30 à 40 cm sous l'eau pour capturer les sprats, les lançons, les pétros... Elle est plus rare que sa cousine, la mouette rieuse. On la voit pêcher le long des digues par mer agitée : elle cherche un banc de poissons en surface ou profite du travail de pêche d'un autre prédateur, happant les poissons qui tentent d'échapper, en fuyant vers la surface, au bec du cormoran ou à celui du pingouin torda...
Cet oiseau se rencontre sur toute la façade Atlantique.

Peu courant

Mouette rieuse

Classe : Charadriiformes
Famille : Laridés
Nom scientifique :
Larus ridibundus
Taille : 38-44 cm
Envergure : 94-105 cm
Poids : 225-350 g
Longévité : 32 ans
Statut : Nicheur, migrateur, hivernant, espèce protégée
Cohabitation : Goéland argenté, bécasseau, foulque
Territoire : Estran, bord de mer, rivière...
Distance d'approche : 10 à 5 m

Description : Cagoule légèrement relevée à l'arrière du crâne, bout des ailes noir, bec rouge, pattes rouge sombre. Si la mouette est « rieuse », les poissons, eux, ne s'amusent guère quand elle pêche, car elle est efficace, tant en vol que posée. Elle descend à 30 à 40 cm sous l'eau pour capturer sprats, lançons, pétros... En groupe, à quelques mètres de l'eau, les mouettes rieuses font des volte-face incessantes en criant, battant des ailes et se laissant tomber, cou avancé, dans le banc de poissons, n'hésitant pas à s'associer avec le cormoran pour récupérer, en surface, les poissons effrayés par celui-ci. Cet oiseau est un véritable animateur dans nos ports et sur nos rivières. La cagoule de la rieuse est de couleur chocolat et se différencie de la cagoule de la mouette mélanocéphale, qui est d'un gris bleuté très soutenu.

Mouette rieuse en action de pêche

Mouette tridactyle

Classe : Charadriiformes
Famille : Laridés
Nom scientifique :
Rissa tridactyla
Taille : 38-40 cm
Envergure : 95-108 cm
Poids : 300-500 g
Longévité : 21 ans
Statut : Nicheur, migrateur, hivernant, espèce protégée : liste orange
Cohabitation : Cormoran, mouette rieuse
Territoire : Haute mer, falaise, bord de mer
Distance d'approche : 10 à 5 m

Description : Le bec de la mouette tridactyle est jaune clair ; ses pattes sont grisées, sombres ; le bout de ses ailes est noir. Ses ailes sont bien plus courtes que celles du goéland cendré, évitant ainsi toute confusion ; l'arrière de son crâne est marqué par une tache grise, son œil est noir. Cet oiseau de haute mer ne vient en général sur la côte que pour nicher ou, occasionnellement, pour se protéger d'une grosse tempête. Son nid est construit très près de l'eau, sur les falaises, à proximité de celui du guillemot. Il renferme deux œufs, couvés près de trente jours. Sa nourriture se compose de petits poissons, de crabes...

Peu courant

Mouette tridactyle, un dimanche matin après une tempête

Oie cendrée

Classe : Anseriformes
Famille : Anatidés
Nom scientifique : *Anser anser*
Taille : 75-90 cm
Envergure : 145-180 cm
Poids : 2400-3500 g
Longévité : 17 ans
Statut : Hivernant
Cohabitation : Oie des moussons
Territoire : Marais, bords de mer, champs humides
Distance d'approche : 30 m

Description : L'oie cendrée, au bec jaune orangé, se rencontre rarement en France et en Bretagne car elle hiverne de préférence en Ecosse ou en Irlande. On la rencontre de temps en temps, faisant une halte sur nos plans d'eau. C'est un gros oiseau qui ressemble par son allure à nos oies d'élevage du sud-ouest de la France.

Peu courant

Pétrel Fulmar

Classe : Procellariiformes
Famille : Procellaridés
Nom scientifique :
Fulmerus glacialis
Taille : 45-50 cm
Envergure : 102-112 cm
Poids : 700-910 g
Longévité : 34 ans
Statut : Nicheur, migrateur, hivernant rare, espèce protégée
Cohabitation : Guillemots, tordas, goélands, cormorans...
Territoire : Falaise, haute mer
Distance d'approche : 10 à 5 m

Description : En voyant le vol très caractéristique du fulmar, on peut avoir l'impression que cet oiseau ne sait pas plier les ailes. Le voir jouer avec le vent aux abords de son nid est fascinant, il fait parfois du sur place ; il semble qu'on pourrait le toucher, tellement il est proche. Le fulmar est un oiseau pélagique qui se nourrit de plancton, de poissons et de déchets de poissons. Les fulmars se regroupent en colonie pour nicher. La femelle pond un seul œuf, qui est couvé pendant près d'un mois et demi. Le nid n'existe pas, l'œuf est posé à même la roche. Le jeune attend neuf ans avant de se reproduire. Il est dommage que les colonies françaises soient si peu importantes au regard de celles d'Ecosse ou d'Irlande. On compte, certes, quelques couples aux Sept îles, aux Tas de Pois, à Ouessant (Finistère), à Belle-Île (Morbihan) mais l'effectif national reste inférieur à 1 200 couples.

Peu courant

Phalarope à bec large

Classe : Charadriiformes
Famille : Scolopacidés
Nom scientifique : *Phalaropus fulcicaria*
Taille : 20-22 cm
Envergure : 37-41 cm
Poids : environ 50-80 g
Longévité : 21 ans
Statut : Migrateur, hivernant rare, espèce protégée
Cohabitation : Bécasseau, gravelot, foulque
Territoire : Vasière et bord de mer
Distance d'approche : 10 m

Description : Un mouvement bizarre, vaguement circulaire, une attitude légèrement plus étirée que celle des bécasseaux, une ligne plus svelte... Voilà de quoi s'interroger. Tempête récente, période automnale, robe grisée, tâche noire à l'arrière de l'œil, bout de l'aile noir, une certaine aptitude à la nage... Oui, c'est un phalarope à bec large ! Il a le bec large, contrairement au phalarope à bec étroit. Son bec est court et noir, comme celui du bécasseau sanderling. Oiseau rare, néanmoins visible, avec un peu de chance, en de nombreux endroits sur le littoral. Cet individu est resté une quinzaine de jours sur la retenue d'eau saline puis a regagné le large sans laisser d'adresse. Dommage...

Rare

Pigeon bizet

Classe : Columbiformes
Famille : Columbidés
Nom scientifique :
Columba palumbus
Taille : 40-42 cm
Envergure : 75-80 cm
Poids : 450-520 g
Longévité : 16 ans
Statut : Migrateur, hivernant, nicheur sédentaire
Cohabitation : Mouette rieuse, autres pigeons
Territoire : Falaise, bord de mer, grève...
Distance d'approche : 5 m

Description : Deux barres noires sur les ailes, petite tête, effet irisé très prononcé sur le corps et sur le cou : le pigeon bizet est l'ancêtre du pigeon domestique. Du fait des croisements entre espèces différentes, il est assez rare de trouver un individu présentant l'ensemble des critères qui caractérise son espèce. Le pigeon bizet affectionne les anfractuosités de roches et de falaises. En ville ou dans les ports, il s'approprie les monuments historiques et leurs meurtrières pour nicher. Les nichées peuvent avoir lieu trois fois par an entre mars et octobre. Cet oiseau est assez fréquent sur les grèves, les plages, les falaises et les grottes marines... Son territoire est très vaste, on le trouve jusqu'aux îles Canaries.

Pingouin torda

Classe : Charadriiformes
Famille : Alcidés
Nom scientifique : *Alca torda*
Taille : 37-39 cm
Envergure : 63-67 cm
Poids : 500-750 g
Longévité : 20 ans
Statut : Nicheur rare, migrateur, hivernant, espèce protégée
Cohabitation : Guillemot, macareux
Territoire : Le pingouin torda passe une grande partie de l'année sur les mers et les océans, non pas dans les airs, mais sur l'eau.
Distance d'approche : 15 à 10 m

Description : Cet oiseau pélagique, comme tous les alcidés, est très sensible aux pollutions dues aux nappes d'hydrocarbure qu'il rencontre en mer. En vol, il se différencie du guillemot par la coloration blanche des deux côtés du croupion et les pattes cachées par la queue de même longueur. Le dessous de l'aile est aussi plus blanc. En vol, on remarque également son bec un peu relevé. Il a le dessus du corps noir avec une étroite barre blanche sur l'aile, et des pattes noires. Son bec gros et épais est noir, barré d'un filet blanc vers l'avant pour les adultes, tandis que le jeune a le bec plus court, et sans marque blanche. Un filet blanc identique va de l'œil au bec. Les marques sont plus prononcées en période de reproduction. Les couples sont semblables. Le pingouin torda plonge parfaitement, se servant de ses ailes comme de nageoires, il capture adroitement ses proies sous l'eau. Son appel sur l'eau est une espèce de "raanke" assez doux.

Les jeunes arrivent dans les ports début octobre et sont rejoints fin décembre, début janvier, par les adultes. Ils repartent début mars pour les zones de reproduction.
Voilà un oiseau pour lequel il serait temps de se mobiliser, d'autant plus qu'il ne semble pas détester la présence de l'homme. Il vient en hiver dans les ports, où il trouve des poissons de type pétros, sprats et autres lançons en bonne quantité. Dès fin août, il est parfois déjà à son poste, poursuivant les petits poissons blancs à travers les dédales de coques de bateaux. Il est fascinant de le voir pourchasser les bancs de poissons sous l'eau, poussant l'un d'entre eux à la faute et le coinçant contre la quille pour l'attraper et le manger.

Pingouins torda en phase d'accouplement

Pipit farlouse

Classe : Passeriformes
Famille : Motacillidés
Nom scientifique :
Anthus pratensis
Taille : 14-15 cm
Envergure : 22-25 cm
Poids : 16-25 g
Longévité : 8 ans
Statut : Nicheur, migrateur, hivernant, espèce protégée
Cohabitation :
Territoire : Landes, partie supérieure des falaises
Distance d'approche : 10 à 5 m

Description : Plus farouche que le pipit maritime, il se rencontre plutôt sur les landes et les falaises. Petite astuce pour le reconnaître : la queue est bordée de blanc de chaque côté. Il se nourrit de moucherons, de papillons et d'autres insectes vivant sur la lande. Pour le repérer, il vous suffit de vous poster à un endroit et de guetter les mouvement sur la lande. Quand vous l'aurez localisé, il vous sera facile de suivre ses mouvements, en veillant à respecter sa distance de sécurité (distance acceptée sans perturbation flagrante du comportement de l'oiseau).

Peu courant

Pipit maritime

Classe : Passeriformes
Famille : Motacillidés
Nom scientifique :
Anthus petrosus
Taille : 17 cm
Envergure : 23-28 cm
Poids : 21-30 g
Longévité : 9 ans
Statut : Migrateur, hivernant, nicheur sédentaire, espèce protégée
Cohabitation : Traquet motteux
Territoire : Bord de mer, port
Distance d'approche :
2 m à 50 cm

Description : Cet oiseau se rencontre fréquemment dans les ports. Il est très peu sauvage et, peut-être, vous arrivera-t-il de le voir sautiller à quelques dizaines de centimètres de vos pieds. Si vous prenez le temps de l'observer, vous le verrez attraper de petits insectes ou des larves qu'il extrait de sous une pierre ou d'une touffe d'herbes séchées. Le photographier peut se révéler difficile car il se tient souvent trop près de l'objectif — ceci est vrai pour les appareils équipé d'un gros téléobjectif (400 à 500 mm) dont la distance d'approche minimale est de 4 à 5 mètres. Il niche dans les fissures de roches ou dans les agglomérats de grosses pierres qui constituent les digues... A l'envol pousse un cri « pit-pit'» souvent doublé.

Plongeon arctique

Classe : Gaviiformes
Famille : Gaviidés
Nom scientifique : *Gavia arctica*
Taille : 58-73 cm
Envergure : 110-130 cm
Poids : Fem. 2 500 g, mâle 3 500 g
Longévité : 27 ans
Statut : Migrateur, hivernant, espèce protégée : liste rouge
Cohabitation : Plutôt solitaire, fréquente harles, cormorans
Territoire : Rades, baies
Distance d'approche : 30 m

Description : Quelques individus se promènent durant l'hiver, éparpillés le long de la côte, autour des parcs à huîtres et dans les anses marines des cours d'eau. Son cou en forme de S et sa grande taille permettent de ne pas de le confondre, même de loin, avec un guillemot, la tache blanche du ventre pouvant prêter à confusion. Il pêche, lui aussi, en plongeant et avale les petits poissons aussitôt. Le temps de plongée est long, il peut dépasser les deux minutes et parcourir plusieurs centaines de mètres.

Peu courant

Plongeon catmarin

Classe : Gaviiformes
Famille : Gaviidés
Nom scientifique : *Gavia stellata*
Taille : 53-69 cm
Envergure : 106-116 cm
Poids : Fem. 1500 g, mâle 1750 g
Longévité : 24 ans
Statut : Migrateur, hivernant, espèce protégée : liste rouge
Cohabitation : Grand labbe, pluvier
Territoire : Landes avec étang d'eau douce, proches de la mer
Distance d'approche : 30 m

Description : Le cou est plus droit que celui du plongeon arctique ; on remarque une tache rougeâtre sur l'avant du cou et une zébrure verticale, blanc et noir, sur l'arrière. Le plongeon catmarin est plus petit que le plongeon arctique. Fin avril ou début mai, le couple choisit une étendue d'eau suffisamment grande (pour pouvoir redécoller en cas de danger) et construit son nid dans la végétation (roseaux). Il se nourrit de petits poissons qu'il pêche en plongeant. Le temps de plongée peut dépasser deux minutes.

Pluvier argenté

Classe : Charadriiformes
Famille : Charadriidés
Nom scientifique :
Pluvialis squatarola
Taille : 27-30 cm
Envergure : 71-83 cm
Poids : 170-240 g
Longévité : 14 ans
Statut : Migrateur, hivernant, espèce non protégée
Cohabitation : Bécasseau
Territoire : Vasières, marais de bord de mer
Distance d'approche : 15 m

Description : Migrateur des bords de mer et des zones vaseuses ou sableuses, le pluvier argenté passe deux fois sur nos côtes du Finistère, une première fois entre fin août et novembre, une deuxième fois entre fin mars et fin juin. Les passages en vol de ces oiseaux sont spectaculaires car ils peuvent réunir plusieurs centaines, voire plusieurs milliers d'individus, comme c'est le cas en baie de Goulven (Finistère). Il est plus gros que le pluvier doré ; la distance d'approche est assez importante, plus de 15 mètres. Malgré la taille réduite de son bec, le pluvier attrape des petits poissons, qu'il écrase alors sur une roche pour les manger. Attention à l'intrus sur son territoire de chasse ! Même une barge à queue noire peut se faire raccompagner à la frontière, malgré son long bec effilé.

Pluvier doré

Classe : Charadriiformes
Famille : Charadriidés
Nom scientifique :
Pluvialis apricaria
Taille : 26-29 cm
Envergure : 67-76 cm
Poids : 140-210 g
Longévité : 12 ans
Statut : Migrateur, hivernant, espèce non protégée
Cohabitation : Vanneaux, huîtriers pie
Territoire : Grande zone de retrait des marées, champs
Distance d'approche : 50 à 40 m

Description : Comme le pluvier argenté, il passe deux fois en Bretagne : entre août et novembre et entre mars et juin. Il est plus champêtre que le pluvier argenté. Sa silhouette est légèrement trapue ; la couleur jaune de ses plumes, contrastant avec le noir, lui donne son aspect doré. Sa silhouette, plus ronde que celle du vanneau, permet de le différencier de ce dernier, même à une distance de plus de 50 mètres dans un champ ras. Il décollera avec les vanneaux, qui sont très méfiants.

En hiver, son plumage beaucoup plus terne lui permet de ne pas être remarqué sur les terres labourées : belle façon de se protéger des chasseurs vieillissants.

Puffin des Anglais

Classe : Procellariformes
Famille : Procellaridés
Nom scientifique :
Puffinus puffinus
Taille : 30-45 cm
Envergure : 75-82 cm
Poids : 350-450 g
Longévité : 50 ans
Statut : Nicheur rare, migrateur, hivernant rare, espèce protégée
Cohabitation : Guillemots, tordas, goélands, cormorans
Territoire : Falaise, haute mer
Distance d'approche : 30 m

Description : Il rase les vagues et semble jouer avec elles à un jeu dangereux. Cet oiseau passe le plus clair de son temps en haute mer et ne revient à terre que pour se reproduire. L'œuf unique est pondu dans un terrier, la durée de l'incubation est d'un peu plus de quarante-cinq jours. Le petit est nourri pendant deux mois puis livré à lui-même. Les puffins se nourrissent de petits poissons, sprats, harengs, seiches et petits crustacés... Les Sept îles accueillent la plus grande colonie en Bretagne (40 à 50 couples). Cet oiseau est souvent observé par les navigateurs tout au long de la côte du grand ouest.

Rare

Râle d'eau

Classe : Gruiformes
Famille : Rallidés
Nom scientifique :
Rallus aquaticus
Taille : 28 à 34 cm
Envergure : 50-60 cm
Poids : 85 à 150 g
Longévité : 6 ans
Statut : Migrateur, hivernant, nicheur occasionnel, espèce non protégée
Cohabitation : Poule d'eau, foulque, cormoran, mouette
Territoire : Mer, intérieur de baie
Distance d'approche : 15 m

Description : Ce petit oiseau des zones de roseaux, dont la taille est proche de celle la poule d'eau, est très discret. On le repère plus facilement lors des premières gelées, quand les herbes des marais sont brûlées par le froid. Son allure adaptée à la course entre les roseaux et son bec rouge font qu'il est difficile de le confondre avec un autre oiseau. Dès qu'il se sent observé, il s'enfuit en courant sur ses longues pattes et se réfugie dans les roseaux, se faufilant à grande vitesse entre les tiges avant de disparaître.

Peu courant

Sarcelle d'été

Classe : Anseriformes
Famille : Anatidés
Nom scientifique :
Anas querquedula
Taille : 37-41 cm
Envergure : 63-69 cm
Poids : 300-440 g
Longévité : 20 ans
Statut : Nicheur, migrateur, hivernant occasionnel, espèce non protégée
Cohabitation : Avocette, colvert, foulques
Territoire : Vasières, estuaires
Distance d'approche : 40 à 30 m

Description : La sarcelle d'été est plus grande que la sarcelle d'hiver. Son bec est plus long et épais. Le mâle a un jabot brun, moucheté de noir ; la tête est rousse, pratiquement de la couleur de la terre brûlée ; l'arcade est blanche. Les plumes de l'épaule retombent joliment sur le côté. Elle est visible de septembre à fin mars sur les étangs peu profonds ou sur les vasières. Elle pond de 6 à 11 œufs dans un nid en lisière d'eau et se nourrit de plantes et de mollusques.
Un heureux hasard a fait la joie du photographe : ce mâle était tranquille, se remettant probablement de quelque émotion forte, sur le quai, en pleine ville de Landerneau (Finistère).

Sarcelle d'hiver

Classe : Ansériformes
Famille : Anatidés
Nom scientifique : *Anas crecca*
Taille : 30-33 cm
Envergure : 54-59 cm
Poids : 250-400 g
Longévité : 16 ans
Statut : Nicheur, migrateur, hivernant, espèce non protégée
Cohabitation : Colvert, foulque
Territoire : Vasière, bord de mer, intérieur de rade
Distance d'approche : 40 à 30 m

Description : Il s'agit du plus petit des canards mais c'est bien l'un des plus grands pour son agilité en vol : il est surprenant de le voir décoller presque à la verticale.
La tête est rousse chez le mâle, avec un large sourcil verdâtre rehaussé d'un long filet jaune ; les flancs sont grisés, mouchetés de noir avec une tache jaunâtre à l'arrière. Les groupes peuvent être importants et comprendre plusieurs centaines d'individus. On le voit souvent au milieu des plans d'eau avec des foulques et des colverts.
La ponte vers fin avril donne huit à dix œufs, et les petits décollent vers trois semaines. Sa nourriture se compose de graines, de mollusques et de vers de vase.

Spatule blanche

Classe : Ciconiiformes
Famille : Threskiornithidés
Nom scientifique :
Platalea leucorodia
Taille : 80-90 cm
Envergure : 115-130 cm
Poids : 1200-1700 g
Longévité : 28 ans
Statut : Nicheur rare, migrateur, hivernant rare, espèce protégée : liste rouge
Cohabitation : Avocette, héron cendré, aigrette
Territoire : Marais salants, marais
Distance d'approche : 50 à 40 m

Description : Repérable de loin à son mouvement pivotant du cou, la spatule est un gros oiseau de la taille du héron cendré, qui vit en couple ou en bande de plusieurs dizaines d'individus dans des milieux variés, allant du marais salant à la vasière. La spatule anime le lieu de ses rotations incessantes, qu'elle effectue tête baissée. Quand elle pêche à marée basse, son bec, en forme de pelle, muni de fibres sensibles, lui permet de chercher dans l'eau crevettes et autres petits organismes. Attention, quand l'oiseau, effrayé, s'envole, il ne s'agit pas d'un saut de puce... Il monte pour s'appuyer sur les courants d'air et met un certain temps avant d'atterrir. Evitons donc de forcer sa distance de sécurité.
On peut le voir sur le littoral Atlantique.

Spatule blanche mâle sur la rivière de Pont L'Abbé

Sterne Caugek

Classe : Charadriiformes
Famille : Sternidés
Nom scientifique : *Sterna sandvicensis*
Taille : 36-41 cm
Envergure : 98-110 cm
Poids : 210-260 g
Longévité : 24 ans
Statut : Nicheur, migrateur, hivernant, espèce protégée : liste orange
Cohabitation : Mouette rieuse, goéland cendré, sterne pierregarin
Territoire : Rochers en mer, îlots
Distance d'approche : 20 m

Description : Le photographe qui s'essaye à la prise de vue de cet oiseau en vol versera probablement beaucoup de larmes dans le viseur de son appareil quand il tentera de le suivre et d'anticiper ses mouvements rapides et incessants. Que ce soit l'hiver ou l'été, cette sterne se nourrit sur les bancs de pétros ou de sardinelles. Son cri "kriekk kriekk" lui a donné son nom en breton. Ses pattes sont noires, comme son bec, dont le bout est jaune. Pour la voir de près, allez vous poster sur une digue : elle passera à un ou deux mètres de vous, surfant sur le vent, effectuant des virevoltes à couper le souffle, plongeant soudainement entre deux bateaux pour attraper un poisson, qu'elle emportera avec elle en vol, ce qui lui vaudra parfois d'être poursuivie par un goéland ou une rieuse.

Courant

Sterne caugek à l'atterrissage

Sterne de Dougall

Classe : Charadriiformes
Famille : Sternidés
Nom scientifique :
Sterna dougallii
Taille : 33-38 cm
Envergure : 75-80 cm
Poids : 90-130 g
Longévité : 16 ans
Statut : Nicheur rare, migrateur rare
Cohabitation : Mouettes rieuses, autres sternes
Territoire : Îlots
Distance d'approche : 25 m

Description : Cet oiseau est très rare en France. Toutefois, on peut espérer en voir quelques individus sur la pointe de la Bretagne. Menacé au niveau européen, cet oiseau bénéficie d'une zone de protection sur deux ou trois îlots de la côte nord du Finistère. Signe distinctif : les plumes de la queue sont nettement plus longues que celles des ailes repliées. Son plumage est gris-bleu clair. Le bec est rouge à la base, noir à l'extrémité. Comme les autres sternes, elle se nourrit de poissons attrapés en plongée. On la voit souvent en compagnie des autres espèces de sternes.

Sterne pierregarin

Classe : Charadriiformes
Famille : Sternidés
Nom scientifique :
Sterna hirundo
Taille : 31-35 cm
Envergure : 82-95 cm
Poids : 90-150 g
Longévité : 25 ans
Statut : Nicheur, migrateur, hivernant rare, espèce protégée
Cohabitation : Sterne caugek
Territoire : Mer, bordure de plage, rade
Distance d'approche : 25 m

Description : Elle est plus fréquente que la sterne arctique, et, contrairement à la sterne de Dougall, a un bec rouge à pointe noire. Ses pattes sont rouges également, tandis que la tête est coiffée d'une cagoule noire. Le long de nos quais et de nos plages, la sterne pierregarin effectue des vols répétitifs, rapides, à la recherche du banc de poissons sur lequel elle pourra plonger pour prélever son repas ou celui de ses petits. C'est un oiseau très actif. Certains individus sont présents toute l'année, d'autres sont migrateurs. Cette espèce est visible sur la façade Atlantique.

Tadorne de Belon

Classe : Anseriformes
Famille : Anatidés
Nom scientifique :
Tadorna tadorna
Taille : 58-71 cm
Envergure : 110-113 cm
Poids : 1100-1400 g
Longévité : 16 ans
Statut : Nicheur, migrateur, hivernant, espèce protégée
Cohabitation : Sarcelles et échassiers
Territoire : Vasière, banc de sables
Distance d'approche : 40 à 30 m voire plus selon les périodes

Description : Blanc avec un plastron brun-rouge, tête noire et bec rouge, le tadorne est très facilement identifiable. Il a la taille d'une petite oie. Sa présence est de plus en plus fréquente sur les vasières et bordures du littoral. Son nid est réalisé dans un terrier de lapin. Fin avril, la femelle pond 8 à 10 œufs. Les petits sont regroupés et placés sous la surveillance de plusieurs adultes. Fin juillet ou début août, on peut observer le groupe de petits qui suit les adultes sur l'eau en file indienne.

Courant

Tournepierre à collier

Classe : Charadriiformes
Famille : Scolopacidés
Nom scientifique :
Arenaria interpres
Taille : 21-24 cm
Envergure : 44-49 cm
Poids : 80-110 g
Longévité : 20 ans
Statut : Migrateur, hivernant, espèce protégée
Cohabitation : Bécasseau sanderling, bécasseaux cocorli et variable
Territoire : Zone de l'estran, port, ponton
Distance d'approche : 5 m

Description : Souvent en groupe d'une dizaine d'individus, il se déplace volontiers avec les bécasseaux et les gravelots. Peu farouche, il se laisse approcher sur les pontons où il mange de petits parasites et éventuellement quelques miettes de pain. Il se nourrit de petits crabes attrapés sur la plage ou au milieu des galets, des déchets de marées, de puces de mer et de petits crustacés, mais il peut aussi s'attaquer à des restes de gros crabes ou de poissons laissés par les goélands selon son humeur... Son bec légèrement recourbé lui sert à retourner les cailloux sur la grève, d'où son nom. Le cri est une double note ressemblant à un « turlute », nom que lui donnent certains pêcheurs en Bretagne.
Il est présent sur la façade Atlantique.

Traquet motteux

Classe : Passeriformes
Famille : Turdidés
Nom scientifique : *Oenanthe oenanthe*
Taille : 15-16 cm
Envergure : 26-32 cm
Poids : 17-30 g
Longévité : 7 ans
Statut : Nicheur, migrateur, hivernant occasionnel, espèce protégée : liste orange
Cohabitation : Pipit farlouse, crave à bec rouge
Territoire : Landes de bord de mer, falaises, marais secs de bord de mer
Distance d'approche : 15 à 10 m

Description : Cet oiseau de passage dans notre région se caractérise par son poitrail d'un beau rose saumon. On peut le surprendre alors qu'il volette de petit monticule en petit monticule. Il se nourrit d'insectes, de moucherons et d'autres insectes fréquents au printemps et à la fin de l'été. Nicheur occasionnel. Trois petits, c'est un gros travail pour l'adulte. Heureusement, la lande côtière est riche en insectes pendant l'été. Les parents ont accompli leur devoir, car ces trois petits, photographiés sur la lande de Camaret, ont atteint l'âge adulte.

Peu courant

Vanneau huppé

Classe : Charadriiformes
Famille : Scolopacidés
Nom scientifique :
Vanellus vanellus
Taille : 28-31 cm
Envergure : 70-76 cm
Poids : 150-310 g
Longévité : 23 ans
Statut : Nicheur, migrateur, hivernant, espèce non protégée : liste orange
Cohabitation : Pluviers
Territoire : vasières, champs…
Distance d'approche : 30 à 20 m

Description : La subtilité des reflets du plumage de cet oiseau est surprenante. Autrefois, les vanneaux étaient migrateurs ; aujourd'hui, une partie d'entre eux vit sur les vasières pendant toute l'année. En hiver, les migrateurs rejoignent les sédentaires de la région ; ils volent alors par bandes de plusieurs centaines d'individus. Cet oiseau farouche est chassé par l'homme. Pour se défendre, il se pose au milieu de grands champs, voyant ainsi venir ses ennemis de loin, parmi lesquels on compte la buse variable susceptible de l'attaquer en vol ou au sol. L'été, la couleur du plumage devient cuivrée ; l'hiver, elle est plutôt verdâtre. Il appartient à la même famille que les pluviers et il est fréquent de les trouver posés ensemble au milieu d'un champ d'herbe rase. La huppe sur sa tête lui donne une allure amusante sous le vent.

Courant

Vanneau huppé sur la vasière de Daoulas

Quelques petits trucs pour améliorer les conditions de vie des oiseaux de bord de mer

Pour les pêcheurs à pied ou à la ligne : vous pouvez aider les oiseaux par des gestes simples. Ainsi, il vous suffit de ramasser les fils de pêche qui traînent au milieu des algues, sur la plage et dans les rochers (casser, décrocher, couper les fils accrochés avec des hameçons ou des plombs). Ces fils se transforment en pièges mortels pour l'oiseau plongeur qui se prend les ailes ou les pattes dans ces fils ; la mort n'est pas forcément immédiate, car l'oiseau peut parfois remonter à la surface, le fil accroché à ses plumes.

J'ai en tête le triste spectacle d'un cormoran qui avait, accroché au cou, un fil de pêche qui lui barrait le bec. L'oiseau était considérablement handicapé pour la capture des poissons - il ne pouvait ni détendre le cou pour attraper ses proies ni ouvrir complètement son bec - et, si, par chance, il réussissait à prendre un poisson, il ne pouvait l'avaler car le fil barrait l'accès à sa gorge.

Après la partie de pêche, ne laissez pas de fils traîner (perruques, bas de ligne usés) sur les digues : les mouettes, les tourne-pierres peuvent s'y accrocher les pattes.

Si vous capturez un oiseau de mer, prévoyez une paire de gants pour vous protéger des coups de bec. Coupez le fil au ras de l'hameçon et, pour le reste, laissez faire la nature.

Pour les promeneurs : un geste simple et salutaire consiste à récupérer les fils de pêche trouvés sur la plage, sur les rochers ou dans les algues, pour éviter qu'ils ne se transforment en pièges à oiseaux. Ce geste est bénéfique pour les oiseaux, et également profitable pour vous ou une personne de votre connaissance, vu le prix des leurres. Les morceaux de filet peuvent aussi être ramassés et jetés dans une benne à ordures, comme on en voit de plus en plus souvent sur les parkings, près des plages.

Pour les pêcheurs plaisanciers : un geste simple, évitez de poser des filets à l'entrée des ports et dans les endroits qui constituent un goulet d'étranglement. En effet, les oiseaux qui pêchent en plongeant suivent les bancs de petits poissons le long des digues et peuvent ainsi se retrouver pris au piège de votre filet. Le tribut payé par le pingouin torda, le guillemot, ou encore le macareux est déjà assez lourd (marée noire et surtout dégazage) pour ne pas l'alourdir encore de ces morts atroces dues à la noyade (oiseaux mais aussi phoques). Les populations de ces espèces sont fragiles en nombre et en présence, et ces petits gestes de bonne volonté sont largement récompensés par le spectacle qu'ils nous offrent l'hiver, autour de nos bateaux. De plus, nous savons bien que la compréhension et une meilleure observation de nos amis "pêcheurs ailés" nous permettront souvent de réussir de bien meilleures prises; celui qui reconnaît les signes saura que tel attroupement, tel type de cri, le regroupement de certains oiseaux en vol, s'expliquent par la présence d'un certain type de poissons. Cela signifie, pour le pêcheur, un gain de temps et la probabilité d'une bonne pêche. Il vous suffit de laisser quelques poissons dans l'eau pour qu'ils se reproduisent et que les oiseaux aient, eux aussi, de quoi se nourrir.

Pour les propriétaires de bateaux : pas de gros efforts, il vous suffit de ne pas nettoyer les fonds de cale du bateau avec un produit toxique et de ne pas rejeter les fonds de cale directement à la mer. En nettoyant leur plumage, des oiseaux de type pingouin torda ou guillemot absorbent le produit et peuvent en mourir...

Pour les habitants du bord de mer : pensez à distribuer les restes de poissons aux goélands, mouettes, ou autres oiseaux riverains; en hiver, cela peut les aider. Les pêcheurs qui vident leurs poissons en entrant au port aident ainsi au maintien des colonies de goélands argentés, goélands marins, goélands bruns et mouettes rieuses... Le partenariat entre les hommes et les oiseaux existe depuis longtemps et il est profitable. Bien des pêcheurs professionnels vous le confirmeront.

Si vous découvrez un oiseau blessé ou mazouté, munissez-vous de gants de caoutchouc; le bec du fou de Bassan, comme celui du goéland, est en effet redoutable. Parlez-lui pour qu'il comprenne au ton de votre voix que vous ne lui voulez pas de mal. Quand vous aurez attrapé l'oiseau, mettez-le dans un carton, dont vous aurez tapissé le fond de papier journal. Utilisez un carton avec des trous afin que l'oiseau puisse respirer. Veillez à éviter la concentration des effluves toxiques. Ensuite contactez la LPO (Ligue de protection des oiseaux) de votre département.

Bretagne vivante (22), (56), (29), (35) : 02 98 49 07 18
LPO Aisne (02) : 06 89 38 99 45
LPO Auvergne (03), (15), (43), (63) : 04 73 36 3 9 79
LPO Provence-Alpes-Côte d'Azur
(04), (05), (06), (13), (83), (84) : 04 94 12 79 52
LPO Champagne-Ardenne (08), (10), (51), (52) : 03 26 72 54 47
LPO Aude (11) : 04 68 49 12 12
LPO Aveyron (12, 48) : 05 65 42 94 48
LPO Basse-Normandie (14), (50), (61) : 02 31 92 86 27
LPO Charente-Maritime (17) : 05 46 50 92 21
LPO Corrèze (19) : 05 55 73 14 84
LPO Côtes-d'Armor (22) : 02 96 91 91 40
LPO Aquitaine (33), (24), (40), (47), (64) : 05 56 91 33 81
LPO Franche-Comté (25), (70), (39), (90) : 03 81 50 43 10
LPO Haute-Normandie (27), (76) : 02 35 03 08 26
LPO Finistère (29) : 02 98 50 66 57
LPO Ille-et-Vilaine (35) : 02 99 27 21 13
LPO Indre (36) : 02 54 28 11 04
LPO Touraine (37) : 02 47 51 8 1 84
LPO Isère (36) : 04 76 51 78 03
LPO Loire (42) : 04 77 41 46 90
LPO Loire-Atlantique (44) : 02 51 82 02 97
LPO Loiret (45) : 02 38 86 97 93
LPO Maine-et-Loire (49) : 02 41 44 44 22
LPO Meurthe-et-Moselle nord (54) : 03 82 46 39 24
LPO Meurthe-et-Moselle sud (54) : 03 83 28 71 77
LPO Morbihan (56) : 02 97 65 27 14
LPO Moselle (57) : 03 87 68 01 62 ou 06 73 26 73 31
LPO Pas-de-Calais (62) : 03 21 93 87 99
LPO Alsace (67), (68) : 03 88 22 07 35
LPO Sarthe (72) : 02 43 85 96 65
LPO Haute-Savoie (74) : 04 50 27 17 74
LPO Île-de-France
(91), (92), (93), (94), (95), (77), (78) : 01 53 58 58 38
LPO Tarn (81) : 05 63 73 08 38
LPO Vendée (85) : 02 51 46 21 91
LPO Vienne (86) : 05 49 88 55 22
LPO Yonne (89) : 03 86 48 31 94
Autres départements français : 05 46 82 12 34
Royaume-Uni : +(44) 12 75 33 29 80

Table des matières

Remerciements à ma femme Nicole, Jeannette Bleaney,

Sonia Dupuis, Albert Pennec, Denis Le Bras, Loïc Le Guillouzer